Nemanja Šarenac

Il turismo nei Paesi dell'ex Jugoslavia

ScienciaScripts

This book is a translation from the original published under ISBN 978-3-659-85134-6.

Publisher:
Sciencia Scripts
is a trademark of
Dodo Books Indian Ocean Ltd. and OmniScriptum S.R.L publishing group

120 High Road, East Finchley, London, N2 9ED, United Kingdom
Str. Armeneasca 28/1, office 1, Chisinau MD-2012, Republic of Moldova, Europe

ISBN: 978-620-3-59938-1

Contenuti

Prefazione

Il libro "Il turismo nei Paesi dell'ex-Jugoslavia" è il risultato di ricerche e analisi sul turismo in Bosnia-Erzegovina, Serbia, Croazia, Slovenia, Montenegro e FYR Macedonia.

Questo libro e la mia soddisfazione nello scriverlo sono stati sostenuti dai commenti e dai suggerimenti dei miei colleghi, e soprattutto dei miei amici, della Facoltà di Economia dell'Università di Sarajevo Est, che mi hanno aiutato dando consigli preziosi fin dall'inizio.

Vorrei anche ringraziare Lambert Academic Publishing per la generosa opportunità che mi ha dato di far vedere questo libro e i recensori che hanno dato consigli professionali per migliorarlo.

Infine, il ringraziamento più grande va ai miei genitori, madre Dragica e padre Braco, per l'infinita dedizione e la donazione del loro tempo, che mi ha permesso di dedicarmi alla ricerca scientifica e persino di scrivere questo libro. Sono grato a loro per avermi protetto e tutelato da tutte le avversità in questo periodo tumultuoso di trent'anni. Questo libro è dedicato a loro.

Sono consapevole che l'elaborazione di questi problemi su larga scala, complessi e altamente dinamici è inevitabilmente seguita da alcuni svantaggi. Ringrazio quindi in anticipo per tutte le obiezioni e i suggerimenti che potrebbero essere un valido aiuto per il prosieguo del lavoro.

Saarbrücken, febbraio 2016

Autore

I Bosnia ed Erzegovina

1 . Informazioni sulla Bosnia-Erzegovina

La Bosnia-Erzegovina, talvolta chiamata Bosnia-Erzegovina, abbreviata BiH, e in breve spesso nota informalmente come Bosnia, è un Paese dell'Europa sud-orientale situato nella penisola balcanica. Sarajevo è la capitale e la città più grande. Confina con la Croazia a nord, ovest e sud, con la Serbia a est, con il Montenegro a sud-est e con il Mar Adriatico a sud, con una costa lunga circa 20 chilometri (12 miglia) che circonda la città di Neum. Nell'interno centrale e orientale del Paese la geografia è montuosa, nel nord-ovest è moderatamente

3

collinare e il nord-est è prevalentemente pianeggiante. L'entroterra è una regione geograficamente più vasta e ha un clima continentale moderato, caratterizzato da estati calde e inverni freddi e nevosi. L'estremità meridionale del Paese ha un clima mediterraneo e una topografia pianeggiante.

La Bosnia-Erzegovina è una regione che fa risalire l'insediamento umano permanente al Neolitico, durante e dopo il quale è stata popolata da diverse civiltà illiriche e celtiche. Dal punto di vista culturale, politico e sociale, il Paese vanta una delle storie più ricche della regione, essendo stato colonizzato per la prima volta dai popoli slavi che oggi popolano l'area dal VI al IX secolo d.C.. Essi fondarono il primo banato indipendente della regione, noto come Banato di Bosnia.

Nel XIV secolo si trasformò nel Regno di Bosnia, poi fu annesso all'Impero Ottomano, sotto il cui dominio rimase dalla metà del XV secolo alla fine del XIX. Gli Ottomani portarono l'Islam nella regione e modificarono gran parte delle prospettive culturali e sociali del Paese. Seguì l'annessione alla monarchia austro-ungarica, che durò fino alla Prima Guerra Mondiale. Nel periodo tra le due guerre, la Bosnia fece parte del Regno di Jugoslavia e, dopo la Seconda Guerra Mondiale, il Paese ottenne lo status di repubblica a tutti gli effetti nella neonata Repubblica Socialista Federale di Jugoslavia.

Oggi il Paese mantiene alti livelli di alfabetizzazione, aspettativa di vita e istruzione ed è uno dei Paesi più visitati della regione, con il terzo tasso di crescita turistica più alto al mondo tra il 1995 e il 2020. La Bosnia-Erzegovina è rinomata a livello regionale e internazionale per le sue bellezze naturali e per il suo patrimonio culturale ereditato da sei civiltà storiche, per la sua cucina, per gli sport invernali, per la sua musica eclettica e unica, per l'architettura e per i suoi festival, alcuni dei quali sono i più grandi e importanti del loro genere nell'Europa sud-orientale. Il Paese ospita tre gruppi etnici principali o, ufficialmente, popoli costitutivi, un termine unico per la Bosnia-Erzegovina. I bosniaci sono il gruppo più numeroso, i serbi il secondo e i croati il terzo. Indipendentemente dall'etnia, un cittadino della Bosnia-Erzegovina è spesso identificato in inglese come bosniaco.

La Bosnia-Erzegovina ha una legislatura bicamerale e una presidenza composta da tre membri per ogni gruppo etnico principale. Tuttavia, il potere del governo centrale è molto limitato, poiché il Paese è ampiamente decentralizzato e comprende due entità autonome: la Federazione di Bosnia-Erzegovina e la Repubblica Srpska, con una terza regione, il Distretto di Brcko, governata dal governo locale. La Federazione di Bosnia-Erzegovina è a sua volta complessa e consiste in 10 unità federali - cantoni. Il Paese è un potenziale candidato all'adesione all'Unione Europea ed è candidato all'adesione all'Organizzazione del Trattato del Nord Atlantico dall'aprile 2010, quando ha ricevuto un piano d'azione per l'adesione durante un vertice a Tallinn. Inoltre, il Paese è membro del Consiglio d'Europa dall'aprile 2002 e membro fondatore dell'Unione Mediterranea dalla sua istituzione nel luglio 2008.

2 .turismo in Bosnia-Erzegovina

Il turismo in Bosnia-Erzegovina è un settore in rapida crescita che rappresenta una parte importante dell'economia del Paese. L'ambiente turistico è in costante sviluppo, con un sistema di promozione turistica sempre più attivo.

Negli ultimi anni la Bosnia-Erzegovina ha ottenuto i migliori risultati in termini di sviluppo turistico; gli arrivi turistici sono cresciuti in media del 24% all'anno dal 1995 al 2000. La solida crescita degli arrivi nella regione europea nel 2007 è dovuta in gran parte alla forte performance dell'Europa meridionale e mediterranea (+7%). In particolare, la Bosnia-Erzegovina è stata tra i protagonisti più forti con una crescita del 20%. Nel 2013, il World Economic Forum ha riportato nel suo Travel and Tourism Competitiveness Report che la Bosnia-Erzegovina era l'ottava nazione più amichevole al mondo nei confronti dei turisti.

Nel 2013 la Bosnia-Erzegovina ha registrato 844.189 arrivi di turisti, con un aumento del 12,9%, e 1.822.927 pernottamenti, con un incremento del 10,8% rispetto al 2012. Il 58,6% dei turisti proveniva da Paesi stranieri. Secondo una stima dell'Organizzazione Mondiale del Turismo, la Bosnia-Erzegovina avrà il terzo più alto tasso di crescita turistica al mondo tra il 1995 e il 2020. I principali Paesi di provenienza nel 2012 sono stati Croazia (15,3%), Serbia (11,9%), Polonia (7,3%), Slovenia (6,8%) e Italia (6,5%).

Numero di turisti in Bosnia-Erzegovina

Anno	Numero totale	Aumento	Pernottamenti	Aumento
2015 (gennaio-agosto)	696.345	26.7%	1.485.340	30.8%
2014	846.581	0,3%	1.711.480	-6,1%
2013	844.189	12,9%	1.822.927	10,8%
2012	747.827	9,0%	1.645.521	9,4%
2011	686.148	4,5%	1.504.205	6,2%
2010	656.333	5%	1.416.691	11,7%

La serie di guide turistiche Lonely Planet ha nominato Sarajevo come la 43esima città migliore del mondo e nel dicembre 2009 l'ha inserita tra le dieci migliori città da visitare nel

5

2010. Con il suo 43° posto Sarajevo ha preceduto Dubrovnik, 59°, Lubiana, 84°, Bled, 90°, Zagabria, 125° e Belgrado, 143°, facendo di Sarajevo la migliore città della penisola balcanica dopo Atene, Grecia.

Il turismo a Sarajevo si concentra principalmente sugli aspetti storici, religiosi e culturali. Negli ultimi anni gli investimenti l'hanno resa anche una città popolare per lo shopping, con un'offerta rispettabile di negozi al dettaglio. Ha ospitato le Olimpiadi invernali del 1984, che all'epoca furono i più grandi Giochi invernali di sempre (in termini di atleti e media).

Il Paese sta riconquistando la sua reputazione di eccellente destinazione sciistica con le sue montagne olimpiche come Bjelasnica, Igman e Jahorina.

Il turismo sta diventando un grande contributo all'economia bosniaca. Di conseguenza, la Bosnia-Erzegovina dispone oggi di un'ampia industria turistica e di un settore dei servizi in rapida espansione grazie alla forte crescita annuale degli arrivi turistici. Il Paese beneficia anche del fatto di essere una destinazione sia estiva che invernale, con una continuità del turismo durante tutto l'anno.

Essendo un Paese prevalentemente montuoso, la Bosnia-Erzegovina offre alcune delle vacanze sulla neve più convenienti d'Europa.

Nel marzo 2012, Sarajevo ha vinto il concorso "Best City to Visit" del blog di viaggi Foxnomad, battendo più di cento città in tutto il mondo.

Più recentemente, la città di Visoko ha registrato un aumento vertiginoso degli arrivi turistici a causa della presunta scoperta delle piramidi bosniache, attirando oltre 10.000 turisti nel primo fine settimana di giugno 2006.

Medugorje è diventato uno dei luoghi di pellegrinaggio più popolari al mondo per i cattolici (e per le persone di altre fedi) ed è diventato il terzo luogo di culto più importante d'Europa, dove ogni anno si recano più di 1 milione di persone. Si stima che 30 milioni di pellegrini siano venuti a Medugorje dall'inizio delle presunte apparizioni nel 1981.

Neum, sulla costa adriatica, ha colline scoscese, spiagge sabbiose e diversi grandi alberghi turistici. I prezzi tendono a essere più bassi rispetto alla vicina Croazia, il che la rende popolare tra gli amanti dello shopping. Il turismo e il commercio che ne deriva rappresentano il principale contributo all'economia della zona. Il turismo a Neum è attivo soprattutto nella regione costiera. L'entroterra dietro Neum ha una ricca storia archeologica e una natura incontaminata e sta iniziando a sviluppare il turismo agricolo.

Il dipartimento turistico della Bosnia-Erzegovina ha indicato che i vantaggi più interessanti per i visitatori sono: 1) lo spirito della gente. 2) le città del Paese sono ben collegate con autobus interurbani e 3) le principali città e i siti naturali circostanti sono facilmente raggiungibili in giornata.

Alcune delle attrazioni turistiche della Bosnia-Erzegovina includono:

§ Sarajevo La "città olimpica". Centro economico, scientifico, culturale, politico e commerciale della Bosnia-Erzegovina. Chiamata la Gerusalemme europea.

§ Mostar, "Città sulla Neretva", "Città del sole", il sito UNESCO di Stari most e la città vecchia di Mostar;

§ Visegrad, il sito UNESCO del Ponte Mehmed Pasa Sokolovic;

§ Banja Luka, la "città verde" con diverse attrazioni culturali come la fortezza di Kastel e la moschea di Ferhadija (in fase di ricostruzione);

§ Bihac e il fiume Una con le sue cascate e il fiume Una, all'interno del Parco nazionale di Una;

§ Jajce, la città dei Re bosniaci, della fondazione della Jugoslavia e delle sue famose cascate.

§ Santuario di Medugorje, pellegrinaggio cattolico, luogo di una famosa apparizione mariana;

§ Prijedor, la Moschea della Città Vecchia (patrimonio nazionale), il Parco Nazionale di Kozara e il più grande monumento bosniaco della Seconda Guerra Mondiale a Mrakovica;

§ Tuzla Luogo di nascita di Mesa Selimovic e famosa per i suoi "laghi salati" pannonici.

§ Il fiume Neretva e i canyon del fiume Rakitnica nell'Alta Neretva;

§ Il fiume Trebizat e le sue cascate Kravice e Kocusa;

§ La Buna e la sua sorgente Vrelo Bune con la città storica di Blagaj;

§ Il canyon del fiume Tara inferiore;

§ L'antica foresta di Perucica, una delle ultime due foreste primordiali rimaste in Europa, e il canyon del fiume Sutjeska, entrambi all'interno del Parco Nazionale Sutjeska;

§ Villaggio storico di Pocitelj;

§ Monte Bjelasnica e Jahorina, sedi dei XIV Giochi Olimpici Invernali;

§ Srebrenica natura bellissima, rafting sulla Drina, gite in barca attraverso il canyon del fiume Drina fino a Visegrad (il secondo canyon più profondo d'Europa), anche un luogo dove sono stati commessi alcuni dei peggiori crimini di guerra;

§ Mogorjelo, una villa rustica romana risalente agli inizi del IV secolo. Si trova a 5 km a sud di Capljina.

§ Neum sulla costa. Città sulla sponda adriatica della Bosnia-Erzegovina.

§ Doboj e la sua fortezza del XIII secolo;

§ Stolac, il quartiere Begovina e le lapidi di Radimlja;

§ Visoko, città dei re bosniaci e sito delle presunte piramidi bosniache;

§ Tesanj, una delle città più antiche della Bosnia, con il suo centro storico;

§ Bijeljina, nota per la sua agricoltura e il villaggio Etno Stanisic.

§ Lukavac - Lago di Modrac (Jezero Modrac) il più grande lago artificiale della Bosnia-Erzegovina

§ Travnik - Il luogo di nascita di Ivo Andric e il sito della città vecchia di Travnik

§ Castello di Ostrozac - castello del XVI secolo costruito dagli Ottomani con una seconda aggiunta da parte della famiglia Asburgo.

L'Organizzazione delle Nazioni Unite per l'Educazione, la Scienza e la Cultura (UNESCO) ha incluso i seguenti siti della Bosnia-Erzegovina nella sua Lista del Patrimonio Mondiale:

§ Il vecchio ponte di Mostar (Stari Most)

§ Ponte Mehmed Pasa Sokolovic a Visegrad

§ Proprietà presentate nell'Elenco provvisorio:

§ Sarajevo - simbolo unico della multicultura universale - città aperta continua (N.I.) (1997)

§ Grotta di Vjetrenica (2004)

§ L'insieme naturale e architettonico di Jajce (2006)

§ Il sito storico urbano di Pocitelj (2007)

§ L'insieme naturale e architettonico di Blagaj (2007)

§ L'insieme naturale e architettonico di Blidinje (2007)

§ L'insieme naturale e architettonico di Stolac (2007)

§ Il monumento naturale della grotta di Vjetrenica con l'insieme architettonico del villaggio di Zavala (2007)

§ Stecci - Lapidi medievali bosniache (2011)

Durante le Olimpiadi invernali del 1984, le montagne di Bjelasnica, Jahorina e Igman hanno ospitato le gare di sci. Queste sono le montagne più famose per lo sci in Bosnia-Erzegovina. Jahorina è stata la sede delle gare di sci alpino femminile. Le gare di sci alpino maschile si sono svolte a Bjelasnica. A Igman, l'area di Malo Polije ha ospitato il salto con gli sci e la parte del salto con gli sci della combinata nordica. A Veliko Polje, invece, si sono svolte le gare di biathlon, sci di fondo e la parte della combinata nordica dedicata allo sci di fondo.

Sarajevo ospiterà il Festival Olimpico della Gioventù Europea nel 2017 e per questo motivo sono stati fatti investimenti per costruire moderni impianti di risalita e notevoli standard di alloggio, soprattutto a Bjelasnica e Jahorina.

La montagna Vlasic è diventata anche un importante centro per il turismo invernale grazie alle sue eccellenti sistemazioni per lo sci, lo snowboard e altri sport invernali. È anche una destinazione popolare per il turismo estivo ed ecologico, con molti sentieri escursionistici e aree selvagge indisturbate.

La montagna e il Parco Nazionale di Kozara sono diventati negli ultimi anni una popolare attrazione turistica per lo sci e l'escursionismo.

La Bosnia-Erzegovina è nota per avere diversi siti culturali di architettura mista con influenze romane, medievali, ottomane e austro-ungariche.

Sarajevo

La capitale Sarajevo è famosa per la sua tradizionale diversità religiosa, con aderenti all'Islam, all'Ortodossia, al Cattolicesimo e all'Ebraismo che vi coesistono da secoli. Grazie a questa lunga e ricca storia di diversità religiosa, Sarajevo è stata spesso definita la "Gerusalemme d'Europa" Sarajevo ha una forte industria turistica ed è stata nominata da Lonely Planet una delle 50 "Migliori città del mondo" nel 2006. Il turismo sportivo utilizza le strutture ereditate dalle Olimpiadi invernali del 1984, in particolare gli impianti sciistici sulle vicine montagne di Bjelasnica, Igman, Jahorina, Trebevic e Treskavica. Anche i 600 anni di storia di Sarajevo, influenzati dagli imperi occidentali e orientali, costituiscono una forte attrazione turistica. Sarajevo ha ospitato viaggiatori per secoli, perché è stata un importante centro commerciale durante gli imperi ottomano e austro-ungarico. Tra le destinazioni più popolari di Sarajevo vi sono il parco Vrelo Bosne con le sorgenti termali romane, la cattedrale di Sarajevo, la Moschea di Gazi Husrev- beg e la città vecchia di Sarajevo; Bascarsija. Il turismo a Sarajevo si concentra principalmente sugli aspetti storici, religiosi e culturali.

La città è ricca di musei, tra cui il Museo di Sarajevo, il Museo d'Arte Contemporanea Ars Aevi, il Museo Storico della Bosnia-Erzegovina, il Museo della Letteratura e delle Arti Teatrali della Bosnia-Erzegovina e il Museo Nazionale della Bosnia-Erzegovina (fondato nel 1888) che ospita la Haggadah di Sarajevo, un manoscritto miniato e il più antico documento ebraico sefardita del mondo, pubblicato a Barcellona intorno al 1350, contenente la tradizionale Haggadah ebraica.

La città ospita anche il Teatro nazionale della Bosnia-Erzegovina, fondato nel 1919, e il Teatro giovanile di Sarajevo. Altre istituzioni culturali includono il Centro per la cultura di Sarajevo, la Biblioteca comunale di Sarajevo, la Galleria d'arte della Bosnia-Erzegovina e l'Istituto bosniaco, una biblioteca privata e una collezione d'arte incentrata sulla storia bosniaca.

Il Sarajevo Film Festival, istituito nel 1995, è diventato il principale festival cinematografico dei Balcani. Il Sarajevo Winter Festival, il Sarajevo Jazz Festival e il Sarajevo International Music Festival sono molto conosciuti, così come il festival Bascarsija Nights, una vetrina di un mese di cultura, musica e danza locali.

Il Sarajevo Film Festival è stato ospitato presso il Teatro Nazionale, con proiezioni presso il teatro all'aperto Metalac e il Centro Culturale Bosniaco, tutti situati nel centro di Sarajevo, e ha ospitato attori, registi e musicisti di fama mondiale come: Steve Buscemi, Bono, Coolio, John Malkovich, Morgan Freeman, Nick Nolte, Daniel Craig, Willem Dafoe, Anthony Minghella, Katrin Cartlidge, Alexander Payne, Sophie Okonedo, Stephen Frears, Michael Moore, Darren Aronofsky, Mickey Rourke, Gillian Anderson, Kevin Spacey e molti altri importanti personaggi della cultura balcanica, europea e americana.

Negli ultimi tredici anni, il festival ha intrattenuto persone e celebrità, elevandosi a livello internazionale. La prima incarnazione del Sarajevo Film Festival è stata ospitata nella Sarajevo ancora in guerra nel 1995, ed è ora diventata il più grande e significativo festival dell'Europa sudorientale. Durante il festival si tiene anche un talent campus, con numerosi docenti di fama mondiale che parlano di cinematografia mondiale e tengono workshop per gli studenti di cinema di tutta l'Europa sudorientale.

Il Sarajevo Jazz Festival intrattiene gli intenditori di jazz da oltre dieci anni e ha ospitato artisti come Richard Bona, The John Butler Trio, Cristina Branco, Dhafer Youssef e molti altri. Il festival si svolge presso il Centro Culturale Bosniaco (alias "Main Stage"), proprio in fondo alla strada del SFF, presso il Sarajevo Youth Stage Theater (alias "Strange Fruits Stage"), presso il Dom Vojske Federacije (alias "Solo Stage") e presso il CDA (alias "Groove Stage").

Erzegovina

Mostar è un'importante destinazione turistica della Bosnia-Erzegovina. L'aeroporto internazionale di Mostar serve la città, così come le stazioni dei treni e degli autobus che la collegano a numerose destinazioni nazionali e internazionali. Il centro storico di Mostar è un'importante destinazione turistica e lo Stari Most è la sua caratteristica più riconoscibile.

Il Cimitero Partigiano di Mostar, monumento commemorativo della Seconda Guerra Mondiale, è un altro importante simbolo cittadino ed è stato progettato dal famoso architetto Bogdan Bogdanovic. La sua qualità sacrosanta consiste nell'unità della natura (acqua e verde) con l'espressione architettonica del progettista; il monumento è stato inserito nella lista dei monumenti nazionali nel 2006.

Il "Centro commerciale Rondo", il "Centro commerciale Biosfera", il "Centro commerciale Orka" e il "Centro commerciale Mercator" sono alcune delle attrazioni più recenti della città. Nelle vicinanze si trovano anche il luogo di pellegrinaggio cattolico di Medugorje, il monastero dei dervisci di Tekija a Blagaj, la città di Pocitelj del XIII secolo, le cascate di Kravice, la città balneare di Neum, Stolac con la famosa necropoli di Stecak e i resti dell'antica città greca di Daorson. I siti vicini includono anche il parco naturale Hutovo Blato, il lago Boracko e la grotta di Vjetrenica, la più grande e importante della Bosnia-Erzegovina.

Il sito storico di Pocitelj si trova sulla riva sinistra del fiume Neretva, sulla strada principale Mostar-Metkovic, a sud di Mostar. Durante il Medioevo, Pocitelj era considerato il centro amministrativo e di governo della zupa (contea) di Dubrava, mentre il suo punto più occidentale gli conferiva una grande importanza strategica. Si ritiene che la città fortificata e i relativi insediamenti siano stati costruiti dal re di Bosnia Stjepan Tvrtko I nel 1383. La città fortificata di Pocitelj si è sviluppata tra il XVI e il XVIII secolo. Dal punto di vista architettonico, le parti in pietra della città costituiscono un complesso fortificato, in cui sono evidenti due fasi di evoluzione: quella medievale e quella ottomana.

Blagaj si trova presso la sorgente del fiume Buna e una storica tekke (tekija o monastero derviscio). La tekija di Blagaj è stata costruita intorno al 1520, con elementi di architettura ottomana e stile mediterraneo, ed è considerata un monumento nazionale. La sorgente del fiume Buna (Vrelo Bune) è una forte sorgente carsica. Il Buna scorre verso ovest per circa 9 chilometri e si unisce alla Neretva vicino al villaggio di Buna. Il sito storico del Vecchio Forte di Blagaj (Stjepan grad), sulla collina sopra Blagaj, era la sede del nobile erzegovese Stjepan Vukcic e il luogo di nascita della regina bosniaca Katarina Kosaca-Kotromanic. L'insieme architettonico del Blagaj Tekke (un monastero sufi) sorge presso la sorgente del fiume Buna, non lontano dal centro di Blagaj. La musafirhana (casa per gli ospiti) e la türbe (mausoleo) sono inserite nella natura circostante, costituendo un'unica entità con le scogliere, la sorgente del fiume Buna e i mulini. La musafirhana della Blagaj tekke e la türbe si sono conservate fino ad oggi. La musafirhana è stata costruita prima del 1664 e ricostruita nel 1851 - il suo aspetto originale non è noto. L'edificio è stato successivamente riparato in diverse occasioni. L'insieme della Blagaj Tekke fu presumibilmente costruito molto presto dopo l'insediamento del dominio ottomano in Erzegovina, al più tardi intorno al 1520.

Trebinje, che inizialmente era un territorio bizantino governato dai serbi. A metà del IX secolo, Knez Vlastimir diede la Zupania (città-stato) di Trebinje (Travunia) a suo genero Krajina, affinché la governasse sotto la sua egemonia. La Zupania era situata sulla strada che da Ragusa (Dubrovnik) portava a Costantinopoli, attraversata nel 1096 da Raimondo di Tolosa e dai suoi crociati. Con il nome di Tribunia o Travunja (la Trebigne dei ragusani), appartenne all'Impero serbo fino al 1355. Nel 1373 Trebinje entrò a far parte dello Stato bosniaco medievale allargato sotto Tvrtko I. A Gornje Police (Gornye Politse) si trova una torre medievale la cui costruzione è spesso attribuita a Vuk Brankovic. L'antico monastero di Tvrdos risale al XV secolo. Nel 1482, insieme al resto dell'Erzegovina e del regno bosniaco, fu conquistato dall'Impero Ottomano. La Città Vecchia di Kastel fu costruita dai turchi sul luogo della fortezza medievale di Ban Vir, sulla riva occidentale del fiume Trebisnjica. Le mura della città, la piazza della Città Vecchia e le due moschee furono costruite all'inizio del XVIII secolo dalla famiglia Resulbegovic. Il ponte Arslanagic fu originariamente costruito (XVI secolo) nel villaggio di Arslanagic, cinque chilometri a nord della città, da Mehmedpasa Sokolovic, e fu gestito dalla famiglia Arslanagic. Alla fine degli anni '60 è stato spostato più vicino a Trebinje (1 km). Il ponte Arslanagic è uno dei ponti turchi più belli della Bosnia-Erzegovina. Ha due grandi e due piccoli archi semicircolari. Durante il periodo di amministrazione austro-ungarica (18781918), sulle colline circostanti furono costruite diverse fortificazioni e la città era sede di una guarnigione. Inoltre, modernizzarono la città espandendola verso ovest, costruendo l'attuale strada principale, oltre a diverse piazze, un parco, nuove scuole, piantagioni di tabacco, ecc.

Medugorje. Dal 1981, è diventato un popolare luogo di pellegrinaggio religioso a causa delle notizie di apparizioni della Vergine Maria a sei cattolici locali.

In seguito alle segnalazioni di apparizioni, i vescovi di Mostar che si sono succeduti hanno dichiarato infondate le affermazioni. Nel marzo 2010, visto il continuo interesse dell'opinione pubblica, la Santa Sede ha annunciato che la Congregazione per la Dottrina della Fede stava formando una commissione d'inchiesta, composta da vescovi, teologi e altri esperti, sotto la guida del cardinale Camillo Ruini, ex vicario generale del Papa per la diocesi di Roma.

Krajina

La regione della Bosanska Krajina è nota per i suoi bellissimi fiumi e il paesaggio verde. La regione comprende anche città culturali come Banja Luka, Prijedor, Bihac e Jajce. Antiche fortezze e castelli, come il Castello di Ostrozac e il Castello di Velika Kladusa, costruiti dagli Ottomani e successivamente dagli Asburgo-Ungheresi, sono noti siti del patrimonio nazionale. La città dei re bosniaci, la fondazione della Jugoslavia e le cascate di Jajce sono candidate all'UNESCO.

Banja Luka si trova sul fiume Vrbas ed è ben nota nei Paesi dell'ex Jugoslavia per essere ricca di viali alberati, vialetti, giardini e parchi. La città ospita anche l'antica fortezza di Kastel e la Moschea di Ferhadija, dichiarata patrimonio culturale della Bosnia-Erzegovina nel 1950. È stata poi protetta dall'UNESCO fino alla sua distruzione nel 1993. Oggi il sito è in fase di ricostruzione ed è elencato come monumento nazionale della Bosnia-Erzegovina. Altre attrazioni di Banja Luka sono la collina Banj e una cascata del fiume Vrbas vicino a Krupa. Il rafting sul fiume Vrbas sta diventando popolare tra i turisti locali. Lungo il canyon del Vrbas, tra Banja Luka e Jajce, si possono praticare la pesca, l'arrampicata e l'escursionismo. Vicino a Banja Luka si trova un famoso e importante monastero trappista, noto come Abbazia di Mariastern. La chiesa e il monastero contengono un gran numero di opere d'arte e un prezioso patrimonio culturale e storico.

Prijedor si trova sul fiume Sana ed è nota per il suo patrimonio cattolico, cristiano ortodosso e islamico. Il paesaggio urbano è caratterizzato da edifici storici risalenti al periodo ottomano e a quello austro-ungarico. Le più note sono le antiche case ottomane della città vecchia e la vecchia moschea cittadina del XV secolo. La città è stata sottoposta a un'ampia ristrutturazione tra il 2006 e il 2009. All'interno del comune di Prijedor si trova anche il Parco nazionale di Kozara, proclamato foresta nazionale protetta nel 1967 da Josip Broz Tito. È situato tra i fiumi Una, Sava, Sana e Vrbas, in BiH. Questi 33,75 chilometri quadrati di fitta foresta e prati collinari si sono guadagnati il soprannome di "Bellezza verde della Krajina". Kozara è una popolare zona di caccia, con un'ampia area di 180 chilometri quadrati del parco aperta alla caccia regolamentata di cervi, fagiani, volpi, cinghiali, lepri e anatre. Una parte più piccola del parco è riservata agli amanti della natura. Le passeggiate, le escursioni, le gite in bicicletta e la raccolta di erbe sono tra le tante attività che si possono praticare a Kozara.

Jajce fu costruita per la prima volta nel XIV secolo e all'epoca fu la capitale del regno bosniaco indipendente. La città è dotata di porte come fortificazioni, nonché di un castello con mura che conducono alle varie porte intorno alla città. Skenderbeg Mihajlovic assediò Jajce nel 1501, ma senza successo perché fu sconfitto da Ivanis Korvin assistito da Zrinski, Frankopan, Karlovic e Cubor. Quando il regno bosniaco cadde sotto l'Impero Ottomano nel 1463, Jajce fu presa dagli Ottomani, ma fu ripresa l'anno successivo dal re ungherese Mattia Corvino. A circa 10-20 chilometri da Jajce si trova il castello e la città di Komotin, più antica ma più piccola di Jajce. Si ritiene che la città di Jajce fosse in precedenza Komotin, ma che sia stata spostata dopo la morte nera. Durante questo periodo, la regina bosniaca Katarina Kosaca-Kotromanic restaurò la chiesa di San Luca a Jajce, oggi la più antica della città. Alla fine, nel 1527, Jajce divenne l'ultima città bosniaca a cadere sotto il dominio ottomano. Ci sono diverse chiese e moschee costruite in tempi diversi durante le varie dominazioni, il che rende Jajce una città piuttosto varia sotto questo aspetto. Il monastero francescano di San Luca fu completato nel 1885. Jajce ha acquisito importanza durante la Seconda guerra mondiale perché il 29 novembre 1943 ha ospitato il secondo congresso del Consiglio antifascista di liberazione nazionale della Jugoslavia, una riunione che ha gettato le basi per la Repubblica federale socialista di Jugoslavia dopo la seconda guerra mondiale.

Bihac fu la capitale temporanea del Regno di Croazia. Nel XIV secolo, a seguito di lotte dinastiche nel regno, perse il suo status civico e divenne proprietà dei nobili Frankopan. Nel

XVI secolo passò sotto il diretto dominio reale, quando iniziarono le battaglie con l'Impero Ottomano. La città di Bihac, nell'omonima regione, resistette agli attacchi ottomani finché non cadde con il sanjak di Bosnia (nel 1592). Il forte di Bihac sarebbe diventato la fortezza più occidentale conquistata dall'esercito ottomano più di cento anni dopo, nel 1592, sotto il visir bosniaco Hasan-pasha Predojevic. Inizialmente la città era il centro del sanjak di Bihac, parte del pashaluk bosniaco. Nel 1699 fu retrocessa a parte del sanjak di Bosnia, durante il periodo di intense guerre di confine tra la monarchia asburgica e l'Impero Ottomano. Nel 1865 divenne il centro del proprio sanjak, ma questo durò solo fino al 1878, quando tutta la Bosnia fu occupata dall'Austria-Ungheria. Il paesaggio cittadino di Bihac, con il bellissimo fiume Una, è caratterizzato da antiche moschee, chiese cattoliche e splendidi dintorni naturali.

Mare Adriatico

Neum è l'unica città costiera della Bosnia-Erzegovina. Comprende 24,5 km (15 miglia) di costa ed è l'unico accesso del Paese al Mare Adriatico. Neum è caratterizzata da ripide colline, spiagge sabbiose e diversi grandi alberghi turistici. I prezzi tendono a essere più bassi rispetto alla vicina Croazia, il che la rende popolare tra gli amanti dello shopping. Il turismo e il commercio che ne deriva sono il principale contributo all'economia della zona. Le formalità di frontiera con la Croazia sono rilassate nei periodi di punta. Neum dispone di oltre 5.000 posti letto per i turisti, di cui 1.810 in alberghi e il resto in ville e alloggi privati. Il turismo a Neum è attivo soprattutto nella regione costiera. L'entroterra alle spalle di Neum ha una ricca storia archeologica e una natura incontaminata e sta iniziando a sviluppare il turismo agricolo.

3. Il turismo nella Repubblica Srpska

La Repubblica Srpska ha dei vantaggi comparativi per quanto riguarda le potenzialità di un'offerta richiesta nel mondo urbano, in quanto il turismo naturalistico è attualmente il tipo di turismo in più rapida crescita nel mondo (secondo i dati ufficiali dell'OMC - Organizzazione Mondiale del Turismo).

Il potenziale turistico della Repubblica Srpska si basa sulla varietà del suo patrimonio naturale e culturale. La loro tutela, valorizzazione e in alcuni casi rivitalizzazione, così come la loro partecipazione al mercato turistico, sono una base strategica per lo sviluppo dell'economia turistica.

Situata nel cuore dei Balcani, si trova tra l'Oriente e l'Occidente, geograficamente, politicamente e culturalmente. Qui la civiltà orientale e quella occidentale si incontrano, a volte si scontrano, ma più spesso si arricchiscono a vicenda nel corso della loro lunga e affascinante storia.

Fin dai tempi degli antichi Romani, la storia di queste zone ha lasciato numerosi monumenti storico-culturali e tracce di un ricco patrimonio spirituale dei popoli che hanno vissuto e resistito in questo crocevia di culture e civiltà. La varietà di civiltà è testimoniata da numerosi ritrovamenti archeologici nelle aree di Banja Luka, Bijeljina, Derventa e Trebinje.

Anche se territorialmente non è un Paese enorme, la Repubblica Srpska dispone di ricche, ma scarse risorse naturali. Esse simboleggiano la sua peculiarità e la sua enorme prevalenza, dato che le zone climatiche vanno da quella mediterranea nel sud dell'Erzegovina a quella mitemente continentale che prevale nelle parti settentrionali del Paese. Grazie alle sue bellezze e ricchezze naturali, il turismo nella Repubblica Srpska si basa su motivazioni naturali. La natura è stata estremamente favorevole alla Repubblica Srpska. Pianure fertili, numerosi fiumi e foreste offrono un'enorme varietà di opzioni per una vacanza attiva e di qualità in campagna. Ai suoi piedi si estendono praterie coltivate e fertili di grano Posavina e Semberija, Lijevce polje e dolcemente ondulate Potkozarje e Podgrmec, così come i paesaggi dell'Erzegovina carsica punteggiati da fertili campi rocciosi. I corsi d'acqua dei potenti fiumi Una, Sana, Vrbas, Ukrina, Drina e Tara, senza dubbio i più limpidi di tutti i Balcani, sono ricchi di ogni tipo di pesce.

Sicuramente le montagne della Repubblica Srpska, come Zelengora, Treskavica, Jahorina, Romanija, Grmec, Kozara, Ozren e molte altre, con le loro enormi riserve forestali e di caccia, sono una gemma da individuare tra le ricchezze naturali del Paese. Grazie a una vegetazione specifica e a un microclima favorevole, le montagne della Repubblica Srpska rappresentano una sorta di spa aerea.

Una volta giunti nella Repubblica Srpska, non potete non ammirare le bellezze invernali di Jahorina, che nel 1984 ha ospitato gli indimenticabili XIV Giochi Olimpici invernali. La lunga tradizione dello sci e dei giochi invernali organizzati inizia nel lontano 1923, quando a Jahorina fu portato il primo paio di sci, mentre l'inizio dello sci organizzato risale al 1933. Le scuole di sci, i noleggi di sci, i corsi per alpinisti e parapendisti con istruttori qualificati garantiscono la padronanza di queste discipline sportive e avventurose in un breve periodo. I professionisti dello sci, i dilettanti e i giovani visitatori hanno a disposizione più di 25 km di piste organizzate per lo sci alpino, con impianti di risalita che trasportano fino a 7500 sciatori alla volta.

Sono rari i luoghi come Jahorina, dove la natura è stata così generosa e le ha dato tutto ciò che la rende attraente e accettabile per tutti gli sportivi di alto livello, i cacciatori, i pescatori, gli escursionisti, gli agricoltori e coloro i cui sensi sono desiderosi di godere della tranquillità della bellezza naturale. L'aria pulita di montagna riposa non solo il corpo ma anche l'anima. Jahorina non è come le altre montagne. Non siete mai soli, perché è tutto in voi e davanti a voi. Con il suo silenzio, i suoi paesaggi remoti e bellissimi, i suoi pendii innevati, le sue sorgenti e i suoi ruscelli, la sua flora e la sua fauna diversificate, è il più bello di una serie di gioielli della Repubblica Srpska.

Jahorina appartiene ai Monti Dinarici. La lunghezza del massiccio che domina e che non presenta chiari confini morfologici, biologici, idrologici, così come chiari confini tra le montagne vicine è di 25-30 chilometri, con una larghezza di 5-15 chilometri. La vetta più alta è Ogorjelica - 1916 metri. Il fatto che si trovi sull'impatto di due climi (mediterraneo e continentale), il suo terreno, la geologia, la copertura vegetale e i bacini fluviali come importanti modificatori del clima gli conferiscono alcune caratteristiche specifiche. La neve sulla montagna è presente circa 180 giorni all'anno, da novembre ad aprile. L'altezza media è di quasi 100 cm e la temperatura più bassa si registra a gennaio con una media giornaliera di -9,9 gradi Celsius. La nebbia è rara e si verifica in primavera e in autunno. Non c'è un forte vento da nord, sulle cime di Jahorina i venti soffiano in direzione sud.

A causa della geologia, che non perde acqua, Jahorina ha molte sorgenti, soprattutto nella parte alta, e di solito alla stessa altitudine. Un centinaio di pozzi e sorgenti sono come una ragnatela che tesse la rete verso i fiumi Miljacka, Praca e Zeljeznica. L'acqua fredda, limpida e pulita dei torrenti e dei fiumi della Jahorina è ricca di pesci, dove anche i pescatori più temuti possono soddisfare la loro passione. Innanzitutto la trota fario, poi il cavedano, il ghiozzo, il temolo, l'huchen e il gambero di fiume.

Le foreste occupano la grande distesa di Jahorina. Il verde delle foreste di conifere è rilassante e il profumo rinfrescante della resina delle conifere rilassa il corpo. Dalle prime radure fino alla cima ci sono fasce di querce, faggi, abeti e abeti rossi. Al di sopra di questi si trovano aceri di monte e di collina. In cima il bosco diventa meno frequente con ginepri appiattiti e nelle cime più alte è ricoperto di muschio.

La vegetazione della foresta bassa di Jahorina è ricca di mirtilli, mirtilli rossi, lamponi, more,

17

fragole, menta, genziana, iperico, tarassaco, sambuco e tutti i tipi di funghi. Con le sue foreste sempreverdi e decidue, l'acqua pulita e i frutti selvatici, Jahorina offre condizioni favorevoli per l'habitat di molti preziosi e rari animali selvatici e di enormi bestie selvatiche.

Il territorio di caccia di Jahorina è di 12.500 ettari a un'altitudine di 590-1910 metri. Le associazioni venatorie e le popolazioni locali hanno attrezzato il territorio di caccia come sito di alimentazione per gli orsi, hanno predisposto i luoghi per il cibo e il sale, hanno fornito un luogo di abbeveraggio e hanno piantato tuberi. Tra gli animali che hanno trovato il loro habitat nell'area di Jahorina vanno segnalati il cervo, che si trova in tutta la zona di caccia, e l'orso, che è la bestia selvatica più attraente. Ci sono anche il cinghiale, il camoscio, il lupo, la volpe, il tasso, il gatto selvatico, la martora e la faina, il coniglio, la lontra, che abita i torrenti e i fiumi.

Residenti occasionali e temporanei di Jahorina sono la pernice, il gallo cedrone, gli uccelli migratori che rimangono a Jahorina per qualche tempo durante il loro viaggio verso sud e il falco e l'aquila come residenti permanenti.

I resti delle città e delle fortezze medievali e del pollice medievale sono interessanti monumenti storico-culturali che testimoniano come questa regione fosse un tempo il crocevia di tutte le strade principali, ma anche il centro della terra dei Pavlovic, una delle famiglie più potenti e più in vista dello Stato bosniaco durante il governo del re Tvrtko Kotromanic.

Anche se non sono stati esaminati abbastanza, ci sono testimonianze di un'epoca, i resti della città di Pavlovic, costruita nel 1415 accanto a Praca. Nel sito di Praca si trovano due sorgenti minerali, una delle quali si chiama Kiseljak. Secondo la tradizione, quest'acqua cura le malattie dello stomaco e gli antichi romani credevano nelle sue proprietà curative, come testimoniano i resti di una conduttura romana e di ceramiche.

Del Medioevo sono i resti di un palazzo fortificato su una sorgente della Miljacka di Pale che apparteneva al famoso despota serbo Jerina, moglie del despota Djuradj Brankovic. Si ritiene che i proprietari dei terreni dei Pavlovic siano sepolti in una piccola necropoli. Su un terreno non accessibile, sopra il punto in cui il fiume Miljacka di Pale e Mokro si incontrano a Bulozi, ci sono pochi dati storici che testimoniano la vecchia città di Litovac - le rovine di pietra e le tradizioni popolari che ci guidano verso lo Stari Grad (Città Vecchia) - Hadidjeda, dove un tempo veniva coniato il denaro per lo Stato bosniaco medievale.

Tutto questo e alcuni luoghi interessanti, come la grotta di Orlovaca che si trova sulle omonime rocce a Mokro al 16° chilometro sulla strada da Sarajevo a Sokolac e che secondo gli esperti è una delle più interessanti e belle dell'ex Jugoslavia, e poi, poste in alto nelle rocce, la mitica grotta Novakova di Romanija, famosa per la fuorilegge Starina Novak, e le grotte di Bogovici, Litovac nel letto di Miljacka e la grotta di Lednjaca da cui 20 anni fa è uscito il ghiaccio sotto il sole estivo, e tutto ciò rende questa regione rara e interessante dal punto di vista turistico.

Anche se non adeguatamente sfruttato il turismo medico ha una prospettiva su Jahorina, che ha elementi climatici favorevoli che hanno un effetto benefico sulla salute umana. Questo si riferisce principalmente alle malattie polmonari croniche, alla TBC chiusa, all'anemia e all'aria pura ricca di ossigeno e ozono senza aletgena ha un effetto calmante sulle malattie nervose semplici e un effetto positivo sul recupero da malattie gravi.

Eppure, quando si parla di Jahorina, la prima associazione è la neve e lo sci, proprio perché a Jahorina c'è la Rajska Dolina (Valle del Paradiso). Questa valle di Repusin, come la chiamano gli abitanti del luogo, per la sua bellezza e unicità è stata chiamata Paradiso dagli sciatori. Dal 1923, quando gli sci furono usati per la prima volta sulla nuda Jahorina, l'altopiano dell'acqua di Vukelina, questa montagna offre condizioni eccellenti non solo per gli atleti d'élite ma per tutti gli amanti degli sport invernali, dei giochi e delle gioie sulla neve. Questi olimpionici hanno mosso qui i loro primi passi sulla neve: Zoran Cosic, T. Lopatic, Momo Skokie, Vlado Lucic, Mirjana Granzov e Jelena Lolovic, che hanno partecipato ai Giochi Olimpici nelle discipline alpine e nordiche, diffondendo la fama dello sport bianco e di Sarajevo Est in tutto il mondo e per questo li rispettiamo e li apprezziamo molto. Oggi a Jahorina, dove si può facilmente arrivare da Sarajevo da due direzioni: la strada principale lunga 28 km attraverso Pale e 32 km attraverso Trebevic, gli sciatori possono utilizzare più di 20 km di piste perfettamente preparate per lo sci alpino collegate con impianti di risalita - con una capacità totale di 10.500 sciatori all'ora. 500 sciatori all'ora, e per i più piccoli c'è sempre il funzionale baby-lift.

La Repubblica Srpska eredita due parchi nazionali:

1. Il Parco Nazionale "Sutjeska" è un parco nazionale unico in Europa. È la sede della foresta pluviale meglio conservata della Perucica, che copre un'area di 1291 ettari. È situato sull'autostrada Belgrado - Visegrad - Foca - Tjentiste - Bileca - Trebinje - Dubrovnik. Il Parco prende il nome dal fiume Sutjeska. Questo fiume di montagna taglia il suo corso attraverso il

massiccio delle montagne di Zelengora, Lelija, Maglic e Volujak. Tjentiste - situato sulla riva del fiume Sutjeska, il centro sportivo-ricreativo e la più grande piscina all'aperto dei Balcani (16 000 m2) non dovrebbero assolutamente mancare per la loro bellezza. La Sutjeska ospita la montagna più alta della Repubblica Srpska, il Maglic, con un'altitudine di 2386 m. La flora e la fauna del Parco Nazionale "Sutjeska" sono estremamente versatili. Per questo motivo quest'area è stata ed è tuttora molto attraente per numerosi scienziati, botanici, geologi e zoologi. La ricca flora contiene più di cento tipi di funghi commestibili, oltre a un gran numero di specie rare, sensibili e in via di estinzione. Anche la fauna è tremendamente ricca. Quasi tutte le specie caratteristiche dell'area montana dei Balcani si trovano in queste fitte foreste e sulle alture. Le ricchezze del Parco si riflettono in oltre un centinaio di monumenti culturali, di cui quasi 30 hanno origine nella storia antica (Medioevo).

2. Il Parco Nazionale "Kozara", che copre un'area di 3520 ettari, è stato dichiarato parco nazionale nel 1967 allo scopo di proteggere i valori storico-culturali e naturali del monte Kozara. Il Kozara è una montagna con un rilievo dinamico e un'altitudine inferiore ai 1.000 m. Il suo clima mite e continentale, il gran numero di giornate di sole e le dolci cime delle montagne - belvedere su Gradiska, Prijedor, Kozarska Dubica e altri luoghi - conferiscono a questa montagna un valore eccezionale. È circondata dal fiume livido di Una, dalla perla della Krajina, dal fiume Sana, dall'ampio fiume Sava e dal veloce fiume Vrbas. Kozara è una montagna dolce, con una ricca caccia di animali selvatici come cervi, cinghiali, volpi, lepri, fagiani, anatre selvatiche, pernici, che la rendono una riserva di caccia rara in questa zona dei Balcani. In cima alla montagna è stato eretto un rigoglioso monumento commemorativo "Mrakovica", in memoria delle vittime dell'ultima guerra. Foreste decidue sempreverdi e pascoli intersecati da abbondanti pozzi si estendono ai piedi della montagna. Oltre alle possibilità di alloggio nei bungalow del parco, in questo parco si trova anche un hotel a 4 stelle.

Il fiume Tara si trova nelle vicinanze del Parco Nazionale "Sutjeska" ed è lungo 140 km. È chiamato "la lacrima d'Europa" ed è uno dei fiumi più belli del mondo, ricco di pesci di fiume. Ciò che rende famoso il Tara è il suo magnifico canyon.

Il Canyon di Tara, profondo 1300 metri, è considerato il più profondo d'Europa e il secondo al mondo, subito dopo il Canyon del Colorado. Il Canyon del Tara è una delle oasi locali di natura incontaminata, nonché un serbatoio di molte specie endemiche e relitte di flora e fauna. L'acqua del canyon e di tutto il fiume è di prima categoria ed è potabile. Nel Canyon si trovano circa ottanta grotte, ancora non sufficientemente esplorate, mentre in alcune di esse sono state rintracciate tracce di vita preistorica.

Tutto questo è un motivo sufficiente per aggiungerlo alla lista del Patrimonio Naturale dell'Umanità dell'UNESCO. I più coraggiosi, desiderosi di avventure in un ambiente autentico di natura pura, possono godere di una delle opportunità di rafting più impegnative d'Europa, classificata come livello 3-5. Inoltre, si organizzano anche gite attraverso le famose cascate, stretti tagli bordati da pericolose rocce. Inoltre, il rafting viene organizzato anche attraverso le famose cascate, stretti tagli orlati da pericolose pareti rocciose del Monte Durmitor. Pertanto, se vi trovate proprio al crocevia tra il Montenegro e la Repubblica Srpska, tra Brstanica e Scepan Polje, non perdetevi un'esperienza di rafting di uno o più giorni da conservare nella memoria per tutta la vita.

Il fiume Vrbas offre grandi possibilità per lo sviluppo dello sport, della ricreazione e del turismo. Grazie al suo canyon, alle cascate e alle cascate, il Vrbas è uno dei fiumi più adatti in Europa per il rafting e il kayak. Oltre al rafting e al kayak, è possibile praticare il canyon, il kayak-canoa, il parapendio, l'arrampicata libera, l'escursionismo, il ciclismo, il paracadutismo e altri sport, nonché le attività speleologiche.

Il Campionato mondiale di rafting è stato organizzato con successo sui fiumi Vrbas e Tara nel maggio 2009, con 35 paesi partecipanti. Il Campionato mondiale di rafting ha portato Vrbas e Banja Luka sulla mappa delle migliori destinazioni mondiali per il turismo avventuroso. La maggiore attrazione per i turisti è sicuramente il rafting notturno. L'esperienza unica di scendere il canyon del Vrbas di notte, sotto le luci dei riflettori, vi lascerà senza fiato. Il Vrbas è l'unico fiume al mondo con condizioni create per il rafting notturno.

Il fiume Janj, confluente del fiume Pliva, è estremamente ricco di trote e temoli che lo rendono un fiume attraente per la pesca a mosca. È famoso per l'attrazione turistica della Janjska ostrva (isole di Janj). Questa combinazione di natura e bellezza, con le sue cascate, le isole e l'acqua scintillante, lascia gli escursionisti senza fiato. La sorgente del fiume Janj è un luogo ideale per escursioni e passeggiate, mentre il canyon di Janj è un magnifico sentiero di montagna.

La riserva naturale di Bardaca è un complesso di 11 laghi, situato tra i fiumi Sava e Vrbas e nelle vicinanze di Srbas. Grazie all'enorme varietà di uccelli palustri, Bardaca è stata dichiarata area protetta nel 1969, mentre nel 2007 è stata dichiarata "sito Ramsar", inserendo questa destinazione umida nell'elenco mondiale delle zone umide di importanza internazionale. In questo speciale serbatoio di natura, si trovano circa 280 specie di flora e più di 200 specie di uccelli, così numerose e versatili da suscitare un enorme interesse da parte di ornitologi e altri scienziati. L'area idrografica di Bardaca è anche molto ricca di varie specie di pesci.

La Repubblica Srpska sembra essere dotata di una natura abbondante e piena di ogni tipo di ricchezza, tra cui le acque termali dalle proprietà curative riconosciute persino dai Romani. Le sorgenti di acqua termale oggi sono diventate centri termali e ricreativi, dotati delle più moderne attrezzature diagnostiche e fisioterapiche. Numerose esplorazioni hanno evidenziato tesori significativi, il più importante dei quali si trova nella parte settentrionale della Repubblica Srpska, nella zona di Sava rov (fossa della Sava). Queste sorgenti hanno una profondità che va dai 1000 ai 3000 m e una temperatura che va dagli 80° ai 150°C.

La natura incontaminata, l'aria incontaminata, l'ospitalità tradizionale e la tradizione gastronomica, insieme alle proprietà curative delle acque, hanno reso le terme della Repubblica Srpska rinomati centri di cura e ricreazione, adatti anche al riposo.

Ci sono prove materiali che i popoli antichi, persino i Romani, conoscevano le proprietà curative di queste acque termominerali e ne usufruivano alle Terme "Vrucica", il più grande centro turistico-sanitario della Repubblica Srpska, situato nelle immediate vicinanze di Teslic. Con l'arrivo della dominazione austro-ungarica in queste zone, sono iniziate le prime esplorazioni scientifiche delle proprietà delle acque minerali, mentre le prime strutture significative sono state costruite negli anni Venti del XX secolo. Questo centro termale è oggi il centro turistico-sanitario più visitato della Repubblica Srpska, specializzato nella riabilitazione di malattie cardiovascolari, reumatiche e neurologiche. Nel centro termale si trova anche un hotel a 4 stelle con un moderno centro benessere.

Nelle immediate vicinanze di Banja Luke si trovano le terme di Laktasi, Slatina, Srpske Toplice e Seher, note per la cura di malattie cardiache, problemi di circolazione e pressione sanguigna. Le terme di Laktasi vantano una lunga e interessante tradizione. Le proprietà curative delle acque di queste terme erano riconosciute già ai tempi dell'antica Roma, fatto confermato da numerosi siti archeologici con tracce di architettura romana.

Ci sono anche i seguenti centri termali: Bilina vlas vicino a Visegrad, Dvorovi vicino a Bijeljina, Crni Gruber vicino a Srebrenica, Kulasi vicino a Prnjavor e Mljecanica a

Potkozarje, situati in splendidi ambienti naturali che, grazie alle proprietà curative delle acque minerali, offrono vari trattamenti medici e in alcuni di essi vi sono programmi ricreativi versatili.

I monasteri della Repubblica Srpska, con il loro valore storico e la loro architettura, sono tra i monumenti culturali più belli e interessanti. Costruiti nel Medioevo, isolati e lontani dagli occhi degli imperatori, oggi sono facilmente raggiungibili. La spiritualità ortodossa, la cultura e le tracce della storia nazionale serba sono racchiuse in questi monumenti storico-culturali.

L'Erzegovina è impreziosita da numerose chiese e monasteri che rappresentano vere e proprie santità nazionali. Spiccano per il loro valore i monasteri di Tvrdos, Zitomislic e Dobricevo, risalenti al XV secolo, e i monasteri di Zavala, Duzi e Hercegovacka Gracanica.

Così, in tutta la Repubblica Srpska si trovano anche: il monastero di Lovnica del XIII secolo vicino a Sekovici, Ozren del XV secolo sulla montagna di Ozren, Donja Bisnja in Posavina, con i monasteri di Krupa na Vrbasu, Liplje, Stuplje, Gomionica, Mostanica tutti in Krajina, che, insieme alla rarità della costruzione sacrale, le chiese in legno, sono state protette dal fuoco per secoli.

L'eco-centro "Ljekarice" è stato fondato con l'obiettivo di riconnettere l'uomo moderno alla natura. Visitando questo centro, l'ospite ha la possibilità di imparare a rispettare e amare la natura e la sua bellezza.

L'etno-villaggio di "Stanisici", situato proprio accanto alla strada, ma lontano dal tempo e dallo spazio attuali, ci riconnette ai nostri antenati e alla natura, oltre a suscitare in noi l'ammirazione per la semplicità dello stile di vita tradizionale.

La destinazione turistica eco-etnea di "Kraljevsko selo Kotromanici" è un ambiente adatto per un riposo di transito, per godere dell'ambiente tradizionale reale e di un'offerta gastronomica adeguata.

Oltre alle bellezze naturali, tutti coloro che visitano la Repubblica Srpska dovrebbero fare una pausa a Banja Luka. Banja Luka, la più grande città della Repubblica Srpska, nonché sede amministrativa, centro economico e universitario, per i suoi parchi e i numerosi vicoli è orgogliosamente chiamata "la città del verde". Al castello "Kastel", orgoglio di Banja Luka, sotto le cui antiche mura e torri si svolgono numerosi eventi, spettacoli e manifestazioni, oltre a concerti di musicisti locali e stranieri, sarete accolti da padroni di casa gentili e accoglienti.

Nella valle del fiume Sana e del sereno Potkozarje si trova Prijedor. Partendo da Banja Luka verso est, si passa per Doboj, centro di trasporto con una buona base industriale. Passando per Brcko si arriva a Bijeljina, il centro economico e, in particolare, agricolo della Semberija. Per raggiungere il sud della Repubblica Srpska, la strada conduce a Zvornik, situata sul fiume Drina, per poi scendere a Sarajevo Est, Pale, Foca e il centro dell'Erzegovina, Trebinje, ricco di patrimonio storico-culturale.

II Repubblica di Serbia

1. Informazioni sulla Repubblica di Serbia

La Repubblica di Serbia è uno Stato sovrano situato al crocevia tra l'Europa centrale e sudorientale, che copre la parte meridionale della Pianura Pannonica e i Balcani centrali. La Serbia non ha sbocchi sul mare e confina a nord con l'Ungheria, a est con la Romania e la

Bulgaria, a sud con la Macedonia e a ovest con la Croazia, la Bosnia e il Montenegro; rivendica inoltre un confine con l'Albania attraverso il territorio conteso del Kosovo. La capitale della Serbia, Belgrado, è una delle più grandi città dell'Europa sudorientale. La Serbia conta circa 7 milioni di abitanti.

In seguito alle migrazioni slave nei Balcani a partire dal VI secolo, i serbi fondarono diversi Stati nell'Alto Medioevo. Il Regno serbo ottenne il riconoscimento da parte di Roma e Costantinopoli nel 1217; raggiunse il suo apice nel 1346 come Impero serbo, di durata relativamente breve. A metà del XVI secolo, l'intero territorio dell'odierna Serbia fu annesso dall'Impero Ottomano, a volte interrotto dagli Asburgo. All'inizio del XIX secolo, la Rivoluzione serba istituì lo Stato nazionale come prima monarchia costituzionale della regione, che successivamente espanse il proprio territorio. In seguito alle disastrose perdite subite nella Prima Guerra Mondiale e alla successiva unificazione della Vojvodina, terra della corona asburgica, con la Serbia, il Paese ha co-fondato la Jugoslavia con altri popoli slavi meridionali, che sarebbe esistita in varie formazioni politiche fino alle guerre jugoslave degli anni '90, che hanno avuto effetti devastanti per la regione. Di conseguenza, nel 1992 la Serbia ha formato un'unione con il Montenegro, che si è sciolta nel 2006, quando la Serbia è tornata a essere un Paese indipendente.

La Repubblica di Serbia è membro delle Nazioni Unite, del CoE, dell'OSCE, del PfP, della BSEC e del CEFTA. Come candidato all'adesione, la Serbia sta attualmente negoziando l'adesione all'UE. Il Paese sta aderendo all'OMC ed è uno Stato militarmente neutrale. La Serbia è un'economia a reddito medio-alto con un settore dei servizi dominante, seguito dal settore industriale e dall'agricoltura. Il Paese si colloca ai primi posti nell'Indice di progresso sociale (45°) e nell'Indice di pace globale (46°), è relativamente alto nell'Indice di sviluppo umano (66°) ed è un Paese economicamente moderatamente libero (77°).

2. Turismo in Serbia

La Serbia non è una destinazione turistica di massa, ma ha comunque una gamma diversificata di prodotti turistici. Nel 2014 sono stati registrati quasi 2,2 milioni di turisti nelle strutture ricettive, di cui poco più di 1 milione stranieri. I guadagni in valuta estera derivanti dal turismo sono stati stimati in 1,14 miliardi di dollari.

Il turismo si concentra principalmente sulle montagne e sulle terme del Paese, visitate soprattutto dai turisti nazionali, oltre che su Belgrado, scelta preferita dai turisti stranieri. Le località montane più famose sono Kopaonik, Stara Planina e Zlatibor. In Serbia ci sono anche molti centri termali, i più grandi dei quali sono Vrnjacka Banja, Soko Banja e Banja Koviljaca. Il turismo delle città e dei congressi si sviluppa a Belgrado (che nel 2013 è stata visitata da 517.401 turisti stranieri, più della metà di tutte le visite internazionali al Paese) e in misura minore a Novi Sad. Altri prodotti turistici offerti dalla Serbia sono le meraviglie naturali come il Davolja varos, i pellegrinaggi cristiani nei numerosi monasteri ortodossi sparsi per il Paese e le crociere fluviali lungo il Danubio. In Serbia si tengono diversi festival musicali di fama internazionale, come l'EXIT (con 25-30.000 visitatori stranieri provenienti da 60 Paesi diversi) e il Guca trumpet festival.

Il turismo in Serbia è ufficialmente riconosciuto come un'area primaria per la crescita economica e sociale. Il settore alberghiero e della ristorazione ha rappresentato circa l'1,0% del PIL nel 2010. Il turismo in Serbia impiega circa 75.000 persone, circa il 3% della forza lavoro del Paese.

Negli ultimi anni la Serbia ha registrato un aumento significativo del numero di turisti stranieri (circa il 10-15% di crescita all'anno). Le principali destinazioni turistiche includono città e villaggi etnici, stazioni sciistiche, terme e centri benessere, parchi naturali e riserve, siti archeologici, architetture religiose, festival musicali e altro.

Lonely Planet ha inserito la Serbia nella top 10 dei Paesi da visitare nel 2015, mentre Rough Guides ha inserito Belgrado nella top 10 delle città da visitare.

Negli anni '80 la Serbia era un'importante destinazione turistica dei Balcani. I pernottamenti erano quasi 12 milioni all'anno, di cui circa 1,5 milioni da parte di turisti stranieri. Gli eventi legati alla disgregazione della Jugoslavia hanno portato a un calo sostanziale del turismo di piacere e d'affari.

Nel XXI secolo il turismo ha iniziato a riprendersi: nel 2004 il numero di visitatori stranieri era superiore del 90% rispetto al 2000 e le entrate del turismo estero sono più che triplicate tra il 2002 e il 2004, raggiungendo circa 220 milioni di dollari USA. Nel 2010 le entrate del turismo internazionale erano cresciute a 605 milioni di euro. Il 2014 è stato un anno significativo per i turisti stranieri, il cui numero ha superato il milione. Molti dei visitatori provenivano da altri Paesi balcanici - Bosnia-Erzegovina, Montenegro, Slovenia e Croazia - e dall'Europa, principalmente da Germania, Russia, Italia e Turchia. Dai Paesi non europei, la maggior parte dei turisti proviene da Stati Uniti, Cina, Australia e Corea del Sud.

Numero di turisti in Serbia

Anno	Arrivi turistici totali	Nazionale	Estero
2003	1,997,947	1,658,664	339,283
2004	1,971,683	1,579,857	391,826
2005	1,988,469	1,535,790	452,679
2006	2,006,488	1,537,646	468,842
2007	2,306,558	1,610,513	696,045
2008	2,266,166	1,619,672	646,494
2009	2,021,166	1,375,865	645,301
2010	2,000,597	1,317,916	682,681
2011	2,068,610	1,304,443	764,167
2012	2,079,643	1,269,676	809,967
2013	2,192,435	1,270,667	921,768
2014	2,194,268	1,165,536	1,028,732
2015	2,437,165	1,304,944	1,132,221

La maggior parte dei visitatori arrivati in Serbia per brevi periodi nel 2015 proveniva dai seguenti Paesi di nazionalità:

Numero di turisti in Serbia per paese

1.	Bosnia ed Erzegovina	87,397
2.	Bulgaria	70,891
3.	Montenegro	70,861
4.	Croazia	65,886
5.	Slovenia	65,754
6.	Turchia	64,191
7.	Germania	60,886
8.	Italia	44,314
9.	Romania	44,225
10.	Grecia	43,869
	Totale estero	1,132,221

Iniziate il vostro viaggio in Serbia a Belgrado, la capitale, alla confluenza dei fiumi Sava e Danubio. Belgrado offre molti luoghi interessanti da visitare, tra cui Ada Ciganlija - o il Mare di Belgrado, come lo chiamano i locali - la Fortezza di Belgrado e il Parco Kalemegdan. Dopo una giornata ricca di azione, il prossimo passo sarà una vivace serata in città, per la quale Belgrado è ben nota.

Raggiungete ora il monte Fruska Gora, noto come il Monte Athos della Serbia, che ospita 17 monasteri risalenti al XV-XVIII secolo. E con questo avete iniziato il vostro viaggio attraverso la Vojvodina, nota per le sue numerose fattorie (salasi), stalle, cantine, cibo e, naturalmente, il festival musicale EXIT. Questo festival si tiene ogni anno nella Fortezza di Petrovaradin a Novi Sad e attira oltre mezzo milione di giovani da tutto il mondo.

Navigando lungo il Danubio in Serbia, scoprirete sulle sue sponde tracce di civiltà preistoriche, come Vinca vicino a Belgrado e Lepenski Vir vicino a Donji Milanovac. Potrete anche imbattervi nella Viminacium di epoca romana, un tempo uno dei più importanti accampamenti militari sul Danubio. Unite la cultura all'avventura utilizzando le numerose piste ciclabili segnalate per esplorare le rive del Danubio.

A sud si trova Nis, la città natale di Costantino il Grande, al cui tempo il cristianesimo divenne la religione ufficiale dell'Impero Romano. La Serbia meridionale è nota per la sua musica energica, il cibo saporito, i tappeti Pirot, i peperoni e il formaggio kackavalj (caciocavallo). A Leskovac non mancate di assaggiare la migliore carne alla griglia di tutta la Serbia. Dopo il ricco cibo, apprezzerete la pungente aria di montagna di Stara Planina, la montagna più bella della Serbia orientale, dove potrete sciare o fare escursioni in mezzo alla natura incontaminata. Un po' più a sud vi aspettano il lago Vlasinsko Jezero e le sue isole di torba galleggianti.

La Serbia occidentale offre un paesaggio e un'esperienza completamente diversi. La prima tappa è Oplenac, un sito storico e culturale che ospita l'importantissima chiesa di San Giorgio (Crkva Svetog Dorda), che è anche il mausoleo della dinastia serba dei Karadordevic. Continuate il vostro viaggio attraverso la "Valle dei Re", dal monastero di Zica del XIII secolo al monastero di Studenica del XII secolo, inserito nella lista del patrimonio mondiale dell'UNESCO. In questa regione potrete ammirare anche il monastero di Gradac, del XIII secolo, donato dalla principessa francese Elena d'Angiò, moglie del re Uros I Nemanjic.

Ora è il momento dello sport e dell'avventura. La Serbia occidentale, con le sue numerose montagne, fiumi e laghi, è il luogo ideale per praticare sport all'aria aperta. La Drina, l'Uvac, il Lim e l'Ibar sono fiumi sui quali si può cercare una scarica di adrenalina, ma ricordate che per il rafting è necessaria una buona squadra.

Non perdete l'occasione di fare un giro in treno sulla ferrovia Sargan Otto (Sarganska Osmica) del 1925, i cui binari tagliano a forma di otto il paesaggio montano di Mokra Gora. Non lontano da qui si trova il villaggio etnico di Sirogojno e ci sono anche opportunità di turismo di villaggio in famiglie serbe ospitali, con cibo sano e tradizionale e, naturalmente, la rakija (grappa serba) locale, oltre a mestieri tradizionali e artigianato. Da visitare anche Drvengrad, un moderno villaggio etnico costruito dal famoso regista serbo Emir Kusturica.

La moltitudine di terme, un tempo frequentate dagli imperatori romani e oggi frequentate da uomini d'affari e sportivi di alto livello, sono luoghi ideali per il riposo e il relax. I centri termali più noti sono Vrnjacka Banja, Sokobanja, Banja Kanjiza, Banja Koviljaca e Palic. O forse un centro benessere di montagna, come Zlatibor, Zlatar o Divcibare, è più adatto ai vostri gusti. La natura è stata generosa con la Serbia, quindi vicino alle terme ci sono molte riserve, monumenti naturali e habitat protetti di piante e animali.

Gli amanti degli sport invernali apprezzeranno l'offerta di strutture sul monte Kopaonik, dove la stagione sciistica inizia all'inizio di dicembre e termina ad aprile. Durante il resto dell'anno è possibile praticare escursioni in montagna, volo, orienteering o bird watching.

Indipendentemente dal luogo in cui inizierete il vostro viaggio in Serbia, sentirete la tradizione e lo spirito del popolo trasmessi attraverso la vasta gamma di eventi - turistici, culturali, sportivi o di intrattenimento - che si tengono tutto l'anno. Il Festival delle bande di ottoni di Dragacevo a Guca, i Motivi di Homolj a Kucevo, il Rajac Mow, le Giornate del pastore di Kosjeric, il Carnevale di Vrnjci e le Giornate della raccolta dell'uva a Vrsac sono solo alcuni di questi.

L'ospitalità e il calore naturale, spontaneo e mai fasullo dei padroni di casa sono gli elementi chiave dell'atmosfera che si respira quando si soggiorna in un villaggio serbo. Il turista non si sentirà estraneo in nessun villaggio della Serbia, ma sarà accettato dal padrone di casa come un parente stretto e un ospite caro di cui si vuole esaudire ogni desiderio. Dietro ogni angolo calore, sorrisi, considerazione e affetto attendono il turista, cosa difficile da trovare in altri Paesi.

I villaggi serbi sono oasi ecologiche: liberi dall'inquinamento della civiltà moderna, hanno un clima mite, aria pulita e cibi sani. Gli ingredienti che i padroni di casa utilizzano per preparare il cibo in modo tradizionale e salutare provengono dalle loro proprietà e il turista può essere sicuro che le verdure e gli animali sono coltivati e allevati in modo naturale.

Gli odori, i suoni e i sapori di un villaggio sono ciò che lo rende più speciale, più bello e più piacevole della città. Dalla Vojvodina a nord, attraverso le regioni occidentali, centrali e orientali, fino alla Serbia meridionale, i singoli dettagli variano, ma il ritmo di vita dei villaggi di tutta la Serbia è il ritmo della natura: l'andare e venire delle stagioni, il passaggio dal giorno lavorativo alla notte riposante, l'ordine naturale delle cose e delle persone.

Il turismo di villaggio non si limita al semplice soggiorno dei turisti nelle case del villaggio. Comprende anche le gite nelle zone circostanti, la visita alle attrazioni naturali e ai luoghi di interesse storico-culturale della regione, il folklore tradizionale e gli eventi organizzati per i turisti, gli sport e le attività ricreative all'aria aperta e l'acquisto di prodotti artigianali, oggetti fatti a mano e souvenir, nonché di cibi e bevande fatti in casa.

Il tradizionale benvenuto in una casa di villaggio serba prevede la distribuzione di bocconcini di warmpogaca (pane fatto in casa) intinti nel sale. Poi c'è illatko (una conserva dolce) a base di frutta locale o un po' di miele con un bicchiere d'acqua di sorgente ghiacciata, mentre per brindare alla salute si usa la rakija (acquavite serba) o il vino locale. L'ospite e il padrone di casa si conosceranno poi, chiedendosi della salute dell'altro e della sua famiglia davanti a un antipasto freddo a base di sir (ricotta), kajmak (kaymak - simile alla panna coagulata), sunka (prosciutto) o prsut (proscuttio - prosciutto stagionato). Un pranzo composto da piatti preparati secondo ricette regionali e tradizionali ha un ingrediente speciale in più: la cura e l'amore con cui la padrona di casa prepara i suoi piatti.

L'ospite comunicherà al padrone di casa se vuole fare il classico turista o se preferisce una vacanza attiva, in cui conoscere la vita quotidiana e il lavoro del villaggio. Gli ospiti possono aiutare i padroni di casa nei lavori domestici quotidiani, nei campi o nella cura del bestiame, ma non è assolutamente obbligatorio farlo. Per il turista, soggiornare in un villaggio immerso nella natura significa avere la possibilità di fare passeggiate tra prati e boschi, visitare grotte, sorgenti e cascate nelle vicinanze, andare a caccia e a pesca, cavalcare, fare escursioni o raccogliere frutti di bosco e piante medicinali, oltre a godere delle usanze, dei giochi e delle canzoni popolari della regione.

Le famiglie dei villaggi arredano le loro camere in linea con le tradizioni regionali e con le preferenze individuali in fatto di bellezza, calore, gusto e comfort. Dormire su letti di legno con cuscini di piume, in stanze dipinte con cilim (tappeti) alle pareti, garantisce un sonno tranquillo. Al mattino, poco prima del risveglio, i galli vi ricorderanno che siete nel villaggio. Poi sentirete il rumore dell'acqua che viene portata su dal pozzo - il miglior tipo di acqua per il lavaggio mattutino. Le docili mucche nella stalla hanno già fornito il latte fresco per la colazione e ora stanno tranquillamente masticando il fieno. Pecore, capre, maiali, mucche e cavalli: potete dar loro da mangiare e accarezzarli durante la giornata o anche portarli a pascolare nei prati vicini.

E quando si torna a casa, si può portare con sé un barattolo di miele nazionale, un po' di prosciutto o prosciutto crudo, una vaschetta di formaggio okajmak, una bottiglia di vino giovane di rakijaor o un barattolo di spicyajvar (salsa di peperoni e melanzane), tra le altre cose.

Belgrado

Belgrado è la capitale della Serbia e ha una popolazione di circa 1,7 milioni di abitanti. È una delle città più antiche d'Europa e fin dall'antichità è stata un importante incrocio delle vie d'incontro tra le strade dell'Europa orientale e occidentale. La città si trova su due corsi d'acqua internazionali, alla confluenza dei fiumi Sava e Danubio, che la circondano su tre lati. Grazie a questa posizione, Belgrado è...

Belgrado è la capitale della Serbia e ha una popolazione di circa 1,7 milioni di abitanti. È una delle città più antiche d'Europa e fin dall'antichità è stata un importante incrocio delle vie d'incontro tra le strade dell'Europa orientale e occidentale. La città si trova su due corsi d'acqua internazionali, alla confluenza dei fiumi Sava e Danubio, che la circondano su tre lati. Per questa sua posizione, Belgrado viene giustamente definita la Porta dei Balcani e la Porta dell'Europa Centrale.

I reperti archeologici più antichi di quest'area risalgono al V millennio a.C.. Il sito preistorico di Vinca, che conserva tracce di una cultura materiale umana preistorica (arte plastica neolitica), si trova sulle rive del Danubio. Nel III secolo a.c. tribù celtiche fondarono Singidunum, città citata anche nelle fonti classiche. Il territorio fu poi conquistato dai Romani e divenne parte dell'Impero Bizantino quando l'Impero Romano si divise nel 395.

Gli Slavi attraversarono il Danubio in numero crescente nel corso del VI secolo e si stabilirono definitivamente in questa zona, erigendo il loro insediamento - la Città Bianca (Beli Grad) - su uno sperone roccioso che si erge sopra la foce della Sava. Tra il XVI e il XIX secolo, Belgrado fu chiamata con molti nomi in diverse lingue: Alba Graeca, Alba Bulgarica, Bello grado, Nandor Alba, Griechisch Weissenburg e Castelbianco, tutti traduzioni della parola slava Beograd. Il nome Belgrado è stato menzionato per la prima volta nell'878, e nel corso della sua lunga e turbolenta storia la città è stata occupata da 40 diversi eserciti e ricostruita dalle sue ceneri 38 volte.

Nel 1403, il despota Stefan Lazarevic sottrasse Belgrado agli ungheresi grazie ad abili manovre diplomatiche e divenne per la prima volta capitale serba. In seguito Belgrado fu governata dai turchi e anche gli austriaci attaccarono e conquistarono la città. Nel 1841, Belgrado divenne la capitale del Principato di Serbia. Con il XX secolo arrivarono le guerre balcaniche e poi la Prima e la Seconda guerra mondiale, durante le quali Belgrado fu distrutta e ricostruita. Nel 1918 la città divenne capitale del Regno dei Serbi, Croati e Sloveni, nel 1929 capitale del Regno di Jugoslavia e nel 1945 capitale della Jugoslavia socialista. Nel 2006, Belgrado è tornata ad essere la capitale dello Stato indipendente di Serbia.

L'altezza media di Belgrado sul livello del mare è di 117 m e le cime dei monti Kosmaj (628 m) e Avala (511 m) si trovano nei dintorni. I fiumi di Belgrado hanno un totale di 200 km di argini e 16 isole fluviali, di cui Ada Ciganlija e l'Isola della Grande Guerra (Veliko Ratno Ostrvo) sono le più grandi. L'area urbana interna di Belgrado copre una superficie di 36 km2 e il territorio totale della città è di circa 322 km2 . L'area urbana più ampia è di 419 km2.

Ai fini amministrativi, Belgrado è suddivisa in 17 comuni cittadini, di cui 10 urbani (Cukarica, Novi Beograd, Palilula, Rakovica, Savski Venac, Stari Grad, Vozdovac, Vracar, Zemun e Zvezdara) e 7 suburbani (Barajevo, Grocka, Lazarevac, Obrenovac, Mladenovac, Sopot e Surcin). Geograficamente, Belgrado comprende tre aree: la Città Vecchia (Stari Grad) sulla riva destra della Sava e del Danubio, la Nuova Belgrado (Novi Beograd) sulla riva sinistra della Sava e Zemun sulle rive del Danubio oltre la Nuova Belgrado. Per il territorio sulla riva sinistra del Danubio sono in corso progetti per la creazione di una "Terza Belgrado" nel corso del XXI secolo.

Belgrado ha un clima continentale moderato, con una temperatura media di 11,7oC. La Kosava - un vento da sud-est e da est che porta tempo sereno e asciutto a intervalli di due o tre giorni, soprattutto in autunno e in inverno - è una caratteristica di Belgrado.

Belgrado è un importante nodo di traffico regionale: qui si trovano gli incroci delle rotte europee E70 ed E75 e gli incroci dei Corridoi paneuropei 7 e 10, la città è collegata alle principali rotte ferroviarie, ospita l'aeroporto internazionale Nikola Tesla e due vie d'acqua internazionali la attraversano. La città copre il 3,6% del territorio della Serbia, il 15,8% della popolazione del Paese la chiama casa e il 31,2% della popolazione occupata lavora qui. Belgrado è sede di importanti strutture commerciali, bancarie, agricole ed economiche, le più importanti delle quali sono le industrie metallurgiche, metallurgiche ed elettroniche, che rappresentano il 30% del prodotto interno lordo (PIL) totale della Serbia.

Belgrado è la capitale della cultura, dell'istruzione e della scienza serba. È la sede della più alta concentrazione di istituzioni scientifiche e artistiche di importanza nazionale: l'Accademia serba delle scienze e delle arti, fondata nel 1886 come Accademia reale serba; la Biblioteca nazionale della Serbia, fondata nel 1832; il Museo nazionale, fondato nel 1841 e il Teatro nazionale, fondato nel 1869. La città ospita anche l'Università di Belgrado, fondata nel

1869 come Scuola Superiore, e l'Università delle Arti.

La Fortezza di Belgrado (Beogradska Tvrdava) è il più antico punto di riferimento storico e culturale di Belgrado. Di interesse turistico sono anche Skadarlija, il quartiere bohémien centrale; la Residenza della Principessa Ljubica (Konak Kneginje Ljubice); il Palazzo del Capitano Misa (Kapetan Misino Zdanje); il Palazzo Vecchio e il Palazzo Nuovo (Stari Dvor e Novi Dvor); l'edificio dell'Assemblea Nazionale Serba e la Cattedrale di San Sava (Hram Svetog Save).

Numerosi eventi teatrali, cinematografici, musicali e culturali locali e internazionali (FEST, BITEF, BEMUS, BELEF, October Salon e il Festival del documentario e del cortometraggio) fanno di Belgrado un importante centro culturale.

Belgrado ospita anche numerose conferenze e fiere nazionali e internazionali. Il Centro polifunzionale Sava è una delle sedi più interessanti per conferenze ed eventi culturali in questa parte d'Europa. Oltre 40 fiere internazionali si tengono ogni anno alla Fiera di Belgrado.

Negli stadi e nei campi sportivi di Belgrado si sono svolti numerosi eventi sportivi europei e mondiali. L'Arena di Belgrado è un luogo multifunzionale per tutti gli eventi sportivi, culturali e di intrattenimento e ha una capacità di 20.000 posti. Sulla Ada Ciganlija si trovano impianti all'aperto per molti sport, in particolare quelli acquatici ed estremi, e ogni anno in città si tiene la Maratona di Belgrado.

L'ex città separata di Zemun, che oggi è un comune della città di Belgrado, fu colonizzata nel III secolo a.C. da una tribù celtica nota come Scordisi, che la chiamò Taurunum. Il punto più alto di Zemun è una collina nota come Gardos, da cui si gode di una vista su tutta Zemun, sul Danubio e sul centro di Belgrado. Si trova anche la Torre del Millennio, alta 36 metri, altrimenti nota come Torre di Sibinjanin Janko (Kula Sibinjanina Janka), costruita dagli ungheresi nel 1896. L'area intorno a Gardos è caratteristica, con le sue strette strade acciottolate e l'architettura insolita. Ai piedi della collina, sulla banchina di Zemun, sulle rive del Danubio, si trovano numerosi ristoranti con musica dal vivo, caffè e locali. È anche un luogo popolare per passeggiare e un punto di incontro per pescatori e artisti, con i suoi porti turistici e le sue gallerie.

Novi Sad

In lingua serba, i sinonimi della parola sad (piantagione) sono: giardino, cortile e letto di fiori. Una delle prime impressioni che si hanno della città è che si tratta di una città dalla bellezza curata. La sua architettura e il suo spirito sono stati plasmati da molte nazioni. Tranquilla e circondata da fertili pianure, dal monte Fruska e dal Danubio, la capitale della Vojvodina è una perla tra le città serbe. È anche chiamata...

In lingua serba, i sinonimi della parola sad (piantagione) sono: giardino, cortile e letto di fiori. Una delle prime impressioni che si hanno della città è che si tratta di una città dalla bellezza curata. La sua architettura e il suo spirito sono stati plasmati da molte nazioni. Tranquilla e circondata da fertili pianure, dal monte Fruska e dal Danubio, la capitale della Vojvodina è una perla tra le città serbe. È anche chiamata l'"Atene serba", la Gibilterra del Danubio ed è la sede del più grande festival musicale dell'Europa sudorientale, EXIT, che si è guadagnato una reputazione mondiale per la sua diversità e la sua musica d'avanguardia.

La Fortezza di Petrovaradin, con la sua architettura monumentale, le sue gallerie sotterranee e il miracoloso labirinto di tunnel, è uno dei simboli della città. Dall'altopiano della Torre dell'Orologio si gode di una vista panoramica su Novi Sad e sul Danubio. All'interno del complesso si trovano il Museo della Città, il Planetario e una serie di atelier d'arte.

La Città Bassa della Fortezza, con le sue strade strette e gli edifici barocchi, offre un'atmosfera molto diversa. Tra le costruzioni più importanti vi sono: il Monastero di San Juraj, la Porta di Belgrado, la Chiesa di San Pietro e San Paolo, il Municipio, l'Ospedale Militare, la casa natale del Viceré Jelacic.

Il centro della città è dominato dall'edificio del Municipio, dalla cattedrale cattolica del Nome di Maria e dal monumento di Svetozar Miletic. Accanto alla Cattedrale, sul sagrato della chiesa, si trova il prezioso edificio della "Plava banija" (Banovina blu) e il Centro culturale cittadino.

Le vie Zmaj Jovina e Dunavska, con le facciate delle case e dei palazzi di diversi colori, una rete di vie laterali e passaggi, rappresentano la parte più pittoresca della zona pedonale della città. Qui si trovano anche il Palazzo Vescovile, la chiesa cattedrale ortodossa di San Giorgio e il liceo Zmaj Jova. L'isola verde della città - il parco fluviale del Danubio - continua fino a via Dunavska. Proprio sull'orlo del parco si trova il Museo della Vojvodina; nelle sue vicinanze si trovano il Museo d'arte contemporanea e la Mostra permanente di storia naturale.

Nella piazza intitolata alla grande benefattrice Marija Popovic Trandafil si trova l'edificio da lei lasciato in eredità che funge da sede principale della Matica Srpska, la più antica istituzione culturale serba. La Matica Srpska ospita tre milioni di libri, manoscritti, cronache, raccolte di opere... e una straordinaria collezione di ritratti di cittadini famosi, tra cui quello di Marija Trandafil. Nelle immediate vicinanze si trovano le famose chiese di Nikolajevska e Almaska.

In questa piccola piazza si trovano, uno accanto all'altro, tre preziosi gioielli della città: La Galleria Matica Srpska, la Collezione commemorativa Pavle Beljanski e la Collezione di doni Rajko Mamuzic. Alla Galleria Matica Srpska è allestita una mostra di arte nazionale dal XVI al XX secolo. Pavle Beljanski, diplomatico e appassionato collezionista d'arte, ha donato alla nazione una delle più significative collezioni di dipinti serbi della prima metà del XX secolo, mentre il collezionista Rajko Mamuzic ha regalato le opere della prima generazione di artisti del dopoguerra.

La Sinagoga, di straordinaria bellezza, serve a ricordare la numerosa congregazione ebraica, tragicamente scomparsa durante la Seconda Guerra Mondiale. Oggi la Sinagoga è una sala da concerto d'élite della città. Ci sono programmi turistici speciali progettati per far conoscere ai turisti il ricco patrimonio degli ebrei di Novi Sad. Anche il nuovo edificio del Teatro Nazionale Serbo si trova in via Ebraica e oggi è una piazza del teatro.

La strada dei caffè e dei club, che prende il nome da un grande attore serbo - Laza Telecki - è diventata sinonimo di buon divertimento. La "Zona L.T." è un popolare luogo di incontro e di intrattenimento per vivere la vita notturna della città.

La città è orgogliosa del suo Strand, una spiaggia sabbiosa ben organizzata con vista sul Ponte della Libertà. Di fronte alla spiaggia, si trova l'oasi verde dell'Isola dei Pescatori, punto di ritrovo per gli amanti della pesca e della navigazione. La banchina con vista sulla Fortezza è la parte urbanizzata della riva. Sulla banchina si trova anche uno dei simboli della città: il monumento alla "Famiglia", che ricorda le vittime civili della Seconda Guerra Mondiale.

Il Parco Nazionale del Monte Fruska è una località cittadina dove le persone amano rilassarsi e ammirare le bellezze paesaggistiche. Anche se la maggior parte dei monasteri del Monte Fruska si trova sul territorio di altri comuni, Novi Sad è il centro da cui visitare la "Montagna Sacra del Nord". Sulle pendici settentrionali del Parco Nazionale, meritano una visita anche i vicini monasteri di Beocin e Rakovac, nonché un monastero sul territorio della città, Kovilj.

Oltre a una selezione di menu internazionali, la "storia" gastronomica della regione di Backa è legata ai ristoranti di csarda del Danubio e alle sue fattorie. Nei ristoranti csarda si preparano pesce di fiume e zuppe di pesce. Nelle fattorie, il pranzo della Backa si consuma in modo lento e semplice. Per cominciare, il menu offre acquavite di mele cotogne, seguita da zuppa e carne e verdure cotte condite con salsa, poi il piatto principale e infine strudel di papavero, gnocchi, torte di zucca... Ci sono anche piatti preparati con il famoso cavolo di Futog. Per accompagnare questi piatti del menu, c'è un'ampia scelta di vini prodotti sulle colline viticole del Monte Fruska.

§Festival musicale di Novi Sad - NOMUS, aprile

§ Festival Sterijino pozorje, maggio-giugno, Nazionale serba

§ EXIT Music Festival, luglio, Fortezza di Petrovaradin

§ Città del Cinema - Festival Internazionale del Cinema,

§ Festival Internazionale dei Suonatori di Musica di Strada - IFUS,

§ Festa del cavolo di Futog, novembre, Futog

Parco nazionale Fruska Gora

Il Parco nazionale di Fruska Gora si trova sulla solitaria montagna che si erge dalle pianure della Vojvodina, nel nord della Serbia. Fruska Gora è stato proclamato Parco nazionale nel 1960.

La montagna, con un'altezza massima di 539 metri a Crveni Cot, si estende da est a ovest, toccando il fiume Danubio presso la storica città di Sremski Karlovci, dove si trovano gli uffici amministrativi. Il carattere distintivo di questo parco di 22.000 ettari deriva dal suo raggruppamento di tigli, la più grande concentrazione...

Il Parco nazionale di Fruska Gora si trova sulla solitaria montagna che si erge dalle pianure della Vojvodina, nel nord della Serbia. Fruska Gora è stato proclamato Parco nazionale nel 1960.

La montagna, con un'altezza massima di 539 metri a Crveni Cot, si estende da est a ovest, toccando il fiume Danubio presso la storica città di Sremski Karlovci, dove si trovano gli uffici amministrativi. Il carattere distintivo di questo parco di 22.000 ettari deriva dal suo raggruppamento di tigli, la più grande concentrazione in Europa, e dalle oltre 700 specie di erbe medicinali che crescono qui nei suoi boschi.

Le parti più alte di Fruska Gora sono costituite da fitte foreste, mentre le valli più basse della montagna contengono frutteti e vigneti secolari. Fruska Gora nasconde 16 monasteri ortodossi famosi per la loro architettura specifica, i tesori, le biblioteche e gli affreschi e numerosi siti archeologici di epoca preistorica e storica.

Anche la degustazione di vini presso i numerosi vigneti situati qui è un'attività popolare. Il parco dispone di numerose aree picnic e offre molte opportunità per escursioni a piedi, in bicicletta, a caccia e a pesca.

Fruska Gora è facilmente raggiungibile da Belgrado (1 ora) e Novi Sad (30 minuti) e dispone di numerose strutture per i turisti. La città barocca di Sremski Karlovci, ai margini del parco, era il centro spirituale, politico ed educativo dei serbi nel XVIII secolo e ospita numerosi musei ed edifici storici.

Parco nazionale Tara

Il Parco nazionale del Tara, nella regione montuosa della Serbia occidentale, è stato designato parco nazionale nel 1981. Il parco di 19.200 ettari, con sede amministrativa a Bajina Basta, si estende su un gruppo di cime montuose nelle catene di Tara, Crni vrh, Stolac e Zvezda, sul Canyon della Drina con Perucac e sulla periferia di Bajina Basta. Il parco nazionale copre un'ampia ansa del fiume Drina al confine con la Bosnia.

Conosciuto per le sue splendide cime, le fitte foreste e le profonde grotte, il punto forte del parco è...

Il Parco nazionale del Tara, nella regione montuosa della Serbia occidentale, è stato designato parco nazionale nel 1981. Il parco di 19.200 ettari, con sede amministrativa a Bajina Basta, si estende su un gruppo di cime montuose nelle catene di Tara, Crni vrh, Stolac e Zvezda, sul Canyon della Drina con Perucac e sulla periferia di Bajina Basta. Il parco nazionale copre un'ampia ansa del fiume Drina al confine con la Bosnia.

Conosciuto per le sue bellissime cime, le fitte foreste e le profonde grotte, il punto forte del parco è l'enorme gola del fiume Drina, dove si organizzano rafting e gite in barca. Il parco ospita il raro abete pancico (Picea omorica), che risale all'era preistorica del Terziario. Nelle sue foreste si trovano anche molte varietà di animali selvatici. Anche le cascate all'interno del parco nazionale fanno parte della sua impressionante bellezza, lungo il corso dei fiumi e dei torrenti di montagna.

Il Parco nazionale del Tara è raggiungibile direttamente da Bajina Basta (con la strada Bajina

Basta - Kaluderske Bare), da Bajina Basta via Perucac (con la strada Perucac - Mitrovac) e da Kremna (con la strada Kremna - Kaludjerske Bare).

Le condizioni climatiche favorevoli, le numerose giornate di sole, l'altitudine media di circa 1000 metri e le bellezze naturali consentono di fare piacevoli soggiorni, passeggiate e trekking. Il lago Perucac sul fiume Drina e il lago Zaovine nella valle di Beli Rzav sono molto comodi per gli sport acquatici, i pendii montani per gli sport invernali e la varietà di selvaggina per il turismo venatorio.

Nel parco sono presenti tre strutture turistiche con alloggio, a Kaludjerske Bare con due alberghi, a Predov krst (rifugio dei cacciatori) e a Mitrovac, dove si trova un noto campeggio per bambini.

Parco nazionale Derdap

Situato sul fiume Danubio, al confine con la Romania, nella Serbia orientale, il Parco nazionale di Djerdap si estende per 64.000 ettari e contiene alcune delle più impressionanti bellezze naturali e siti archeologici del Paese. Il parco si estende lungo il Danubio da Golubacki Grad alla diga di Sip e ha i suoi uffici amministrativi a Donji Milanovac.

La caratteristica principale del parco nazionale è la gola di Djerdap, nota come Porta di Ferro. La gola si estende per quasi 100 chilometri lungo le pendici del...

Situato sul fiume Danubio, al confine con la Romania, nella Serbia orientale, il Parco nazionale di Djerdap si estende per 64.000 ettari e contiene alcune delle più impressionanti bellezze naturali e siti archeologici del Paese. Il parco si estende lungo il Danubio da Golubacki Grad alla diga di Sip e ha i suoi uffici amministrativi a Donji Milanovac.

La caratteristica principale del parco nazionale è la Gola di Djerdap, nota come Porta di Ferro. La gola si estende per quasi 100 chilometri lungo le pendici dei Carpazi, creando una sezione ampia e profonda del Danubio. Qui si trova uno dei punti fluviali più profondi al mondo, con oltre 80 metri. La gola è in realtà una valle fluviale formata da tre gole (Gornja klisura, Gospodjin vir, Veliki e Mali kazan) separate da burroni. Dove il fiume si restringe a 150 metri, a Kazan le scogliere si innalzano per oltre 300 metri, offrendo una vista impressionante.

Il parco vanta la più grande biodiversità all'interno di un unico ecosistema. È ricco e diversificato di piante e animali e ospita il sito archeologico di Lepenski Vir, risalente a 8.000 anni fa, dove sono state scoperte forme d'arte del primo Neolitico e abitazioni avanzate. Ci sono anche le fortezze di Golubacki Grad e Kladovo.

Soprattutto dopo la costruzione della diga e la formazione di un grande lago, il Parco Nazionale di Djerdap è diventato uno dei siti più visitati della Serbia. Alberghi e alloggi turistici si trovano in tutto il parco, in particolare nella zona del lago.

Parco nazionale di Kopaonik

La montagna più alta della Serbia, il Kopaonik, è stata designata parco nazionale nel 1981. Il parco si estende per circa 12.000 ettari e ha i suoi uffici di gestione a Raska. La catena montuosa dell'area, i pendii boscosi e le pittoresche valli, i fiumi e i torrenti ospitano molte specie di flora e fauna protette. Al centro di questo parco nazionale, l'altopiano di Suvo Rudiste, tagliato dal fiume Samokovska, si estende tra cime e pendii.

La montagna più alta della Serbia, il Kopaonik, è stata designata parco nazionale nel 1981. Il parco si estende per circa 12.000 ettari e ha i suoi uffici di gestione a Raska. La catena montuosa dell'area, i pendii boscosi e le pittoresche valli, i fiumi e i torrenti ospitano molte specie di flora e fauna protette. Al centro di questo parco nazionale, l'altopiano di Suvo Rudiste, tagliato dal fiume Samokovska, si estende tra cime e pendii.

La flora è caratterizzata da un gran numero di specie vegetali autoctone (faggio balcanico, abete, euforbia, tasso, diversi tipi di acero, pino e quercia). Anche la fauna è varia, ma la sua concentrazione varia a seconda della qualità dell'habitat.

La vasta natura selvaggia del parco offre molte opportunità di escursioni e di esplorazione, oltre a nascondere le calde acque delle terme di Josanicka Banja, molto frequentate per le loro proprietà curative.

Nella stazione sciistica di Kopaonik sono presenti strutture ben sviluppate per i turisti, tra cui un centro informazioni nel villaggio della stazione. Kopaonik si trova vicino alle principali vie di comunicazione della Serbia. L'aeroporto più vicino è quello di Nis.

Parco nazionale Sara

Nella provincia serba del Kosovo-Metohija si trova il grande Parco nazionale di Sara, la cui distesa si estende fino alla vetta del monte Sar. Si estende su 38.000 ettari sulle pendici settentrionali del Monte Sara.

Bellissimo e praticamente incontaminato dall'uomo, questo parco è una natura selvaggia apparentemente infinita su colline ondulate, attraversata da torrenti e fiumi che si diramano nel parco. La natura vanta in particolare il pino macedone e il pino dalle cortecce bianche, endemici e relitti, nonché il...

Nella provincia serba del Kosovo-Metohija si trova il grande Parco nazionale di Sara, la cui distesa si estende fino alla vetta del monte Sar. Si estende su 38.000 ettari sulle pendici settentrionali del Monte Sara.

Bellissimo e praticamente incontaminato dall'uomo, questo parco è una natura selvaggia apparentemente infinita su colline ondulate, attraversata da torrenti e fiumi che si diramano nel parco. La natura vanta in particolare il pino macedone e il pino dalle cortecce bianche, endemici, e la rosa alpina. Gli animali selvatici, tra cui la lince, l'orso e il camoscio, dominano il suo territorio e l'osservatore paziente, lontano da qualsiasi attività della città, avrà la possibilità di scorgerli mentre attraversano senza alcun contatto umano.

La località chiamata "Gine voda" è un'attrazione speciale perché vi sono rappresentati il pino bianco, il pino macedone, il pino silvestre, l'abete rosso e il platano, tutti su una piccola superficie.

La Brezovica, nota località turistica montana sul versante nord-occidentale del Monte Sara, è un centro sciistico e ricreativo unico nel suo genere, situato a un'altitudine compresa tra 900 e 2.500 metri.

Sara è in Kosovo e Metochia - questa provincia serba è attualmente amministrata dall'UNMIK in base alla risoluzione n. 1244 del Consiglio di sicurezza delle Nazioni Unite.

Zlatibor

Zlatibor si trova nell'estremo sud-ovest della Serbia, tra le montagne di Tara e Zlatar. Copre un'area di 30 km di lunghezza e 15 km di larghezza, e dal punto di vista amministrativo appartiene per lo più al comune di Cajetina e in misura minore a quello di Nova Varos.

L'area è un altopiano montuoso dolcemente ondulato, chiaramente distinto nella forma dall'altopiano di Starovlasko-Raska di cui fa parte. È circondata da cime montuose, la più alta delle quali...

Zlatibor si trova nell'estremo sud-ovest della Serbia, tra le montagne di Tara e Zlatar. Copre un'area di 30 km di lunghezza e 15 km di larghezza, e dal punto di vista amministrativo appartiene per lo più al comune di Cajetina e in misura minore a quello di Nova Varos.

L'area è un altopiano montuoso dolcemente ondulato, chiaramente distinto nella forma dall'altopiano di Starovlasko-Raska di cui fa parte. È circondata da cime montuose, la più alta delle quali è il Tornik con i suoi 1496 m. Zlatibor si distingue per la grande varietà del suo paesaggio, per il gran numero di ecosistemi che ospita e per le sue forme geologiche.

Comprende ampie distese di pascoli e prati montani pittoreschi, disseminati di singoli o piccoli gruppi di vecchi pini silvestri ed è reso caratteristico dai suoi ruscelli e torrenti poco profondi e tortuosi. Intorno ai confini dell'altopiano si trovano gole impervie, grotte, buche e boschi misti di pino silvestre, pino nero europeo, abete rosso, abete rosso, faggio, quercia sessile e altre specie di alberi.

La regione di Zlatibor è abitata da 144 varietà di alghe d'acqua dolce, 960 specie di piante, 256 specie di insetti, 14 specie di anfibi e rettili, 150 specie di uccelli e 54 specie di mammiferi. A Zlatibor sono presenti numerose specie vegetali endemiche, mentre tra le specie animali si annoverano il serpente dado, la rana balcanica, la cincia dal ciuffo, la totta, il falco pecchiaiolo europeo, il merlo acquaiolo, la lontra, il lupo e la volpe.

La regione di Zlatibor è famosa per la sua architettura popolare, la sua cultura e le sue tradizioni caratteristiche, il suo patrimonio etnico ricco e diversificato, le sue specialità culinarie ampiamente conosciute, il suo cibo sano e il clima mite che ha fatto guadagnare a Zlatibor la reputazione di aria salubre e lo status di una delle destinazioni turistiche più popolari in Serbia.

L'Istituto serbo per la conservazione della natura si sta muovendo per conferire a Zlatibor lo status di parco naturale protetto e di risorsa naturale di eccezionale importanza.

Stara planina

La montagna di Stara Planina si trova nella Serbia orientale, al confine con la Bulgaria.

Il parco naturale di Stara Planina è ricco di sedimenti di età variabile. Il paesaggio è attraversato da numerosi torrenti e canaloni. Sono noti la valle del torrente Bigar, i meandri a collo d'oca del Temstica e le cime Midzor e Babin zub. La sorgente più grande è quella di Jelovicko...

La montagna di Stara Planina si trova nella Serbia orientale, al confine con la Bulgaria.

Il parco naturale di Stara Planina è ricco di sedimenti di età variabile. Il paesaggio è attraversato da numerosi torrenti e canaloni. Sono noti la valle del torrente Bigar, i meandri a collo d'oca del Temstica e le cime Midzor e Babin zub. La sorgente più grande è il Vrelo

Jelovicko, che ha l'aspetto di un occhio e ha formato un piccolo bacino.

Stara Planina ospita almeno 1190 varietà di piante ed è un habitat importante per le specie endemiche terziarie e glaciali relitte. In particolare troviamo la campanula alata (Campanula calycialata), un endemismo locale e Senecio pancici Deg., una specie endemica dei Balcani centrali e presente solo a Stara Planina in Serbia. Tra gli ambienti interessanti vi sono le torbiere montane di Jabucko Ravniste, Babin Zub e dei dintorni di Arbinje.

A Stara Planina vivono 116 specie di farfalle, 18 specie di anfibi e rettili, 203 specie di uccelli e più di 30 specie di mammiferi. Questo è l'habitat principale della Poiana dalle zampe lunghe, dell'Allodola e della Beccaccia eurasiatica.

L'area circostante è ricca di siti di interesse culturale e storico, tra cui numerose chiese ortodosse.

Sargan - Mokra Gora

Mokra Gora è una valle della Serbia occidentale, incastonata tra le montagne di Tara e Zlatibor. È collegata al passo di Sargan, che a nord costituisce un collegamento naturale con Zboriste, la vetta più alta di Tara, e a sud con Zlatibor. Il parco naturale di Sargan - Mokra Gora ha una superficie di 10.813 ettari.

La bellezza di questa regione sta nel suo paesaggio turbolento, con le sue valli scoscese e profondamente incise e...

Mokra Gora è una valle della Serbia occidentale, incastonata tra le montagne di Tara e Zlatibor. È collegata al passo di Sargan, che a nord costituisce un collegamento naturale con Zboriste, la vetta più alta di Tara, e a sud con Zlatibor. Il parco naturale di Sargan - Mokra Gora ha una superficie di 10.813 ettari.

La bellezza di questa regione sta nel suo paesaggio turbolento, con le sue valli ripide e profondamente incise e le gole dei fiumi Beli Rzav, Crni Rzav e Kamiska Reka, sopra le quali svettano numerose cime e passi. Di particolare interesse sono le grotte di Hajducka e Crvena, e in particolare la cascata di Skakavac. Numerose sono anche le sorgenti di acqua minerale, la più nota delle quali è quella di Bele Vode.

Particolarmente attraenti sono il pino nero europeo e il pino silvestre che crescono sulla roccia serpentinitica che si trova naturalmente in questa zona. Queste foreste, così come il mosaico di prati e pascoli di montagna, sono abitate da una ricca varietà di piante e animali grazie al clima e alla roccia su cui poggiano. L'area ospita 700 varietà vegetali, molte delle quali sono relitti o specie endemiche. Mokra Gora è un habitat particolarmente prezioso per le specie di uccelli. Delle 60 specie registrate, 29 sono rare. Qui si possono incontrare il gallo cedrone occidentale, l'aquila di mare, la cincia dal ciuffo e mammiferi come l'orso bruno, la lontra e il gatto selvatico.

Insieme a Sargan, Mokra Gora si trovava in un lontano passato su un importante percorso stradale, come testimoniano i resti di un'antica strada romana lastricata e le tombe di epoca romana. Oggi le zone di Sargan e Mokra Gora sono conosciute soprattutto per la Sarganska Eight, una ferrovia a scartamento ridotto, famosa per l'impressionante ingegneria che le permette di salire rapidamente su una breve distanza. Lungo i binari sono esposti numerosi oggetti - vecchie locomotive e vagoni conservati come esempi dell'ingegneria di un tempo - che rendono questo museo all'aperto unico nel suo genere.

Un'altra grande attrazione è il villaggio etnico Drvengrad ("Città di legno"), costruito sulla collina di Mecavnik su iniziativa del famoso regista serbo Emir Kusturica. Autentiche capanne di legno della regione sono state trasportate sul posto e utilizzate per la costruzione del villaggio, la più antica delle quali risale a 90 anni fa. Una volta portate sul posto, sono state collocate su alte basi di pietra, con cantine appositamente costruite tenendo conto del terreno collinare. In termini di forma e struttura urbana, Drvengrad si colloca a metà strada tra un villaggio e una città o un villaggio etnico. La città è chiaramente definita attorno a una piazza rettangolare, il cui asse principale è definito dalla porta d'ingresso e dalla posizione di una piccola chiesa in legno all'altra estremità. Il contorno della piazza, pavimentata con ciottoli di legno e blocchi di legno tagliati, è definito da casette di legno, ognuna delle quali ospita un elemento della città: una pasticceria, un negozio di artigianato tradizionale locale, una pinacoteca, una biblioteca, un ristorante e un cinema.

La conservazione della tradizionale interconnessione tra natura e uomo è importante per la protezione, il mantenimento e lo sviluppo di questa regione.

L'elenco dell'UNESCO

La lista del Patrimonio mondiale comprende quasi 1000 proprietà di valore culturale e naturale, provenienti da tutto il mondo, ritenute dal Comitato del Patrimonio mondiale dell'UNESCO luoghi di eccezionale valore universale.

Nella selezione delle proprietà che la Serbia ha proposto per l'inclusione nella Lista del

Patrimonio Mondiale, è stata data importanza al patrimonio medievale della Serbia, in particolare ai monasteri e ai mausolei reali appartenenti alla sfera d'influenza culturale bizantina, ma con caratteristiche nazionali riconoscibili.

I siti serbi finora aggiunti alla lista del Patrimonio mondiale dell'UNESCO: il monastero di Studenica, Stari Ras e Sopocani, i monumenti medievali del Kosovo e Gamzigrad - Romuliana.

Nell'ambito del programma Memoria del mondo dell'UNESCO, l'Archivio di Nikola Tesla (2003) e il Vangelo di Miroslav (2005) dalla Serbia sono stati aggiunti al registro del Patrimonio documentario mondiale.

Inoltre, il Consiglio MAB dell'UNESCO ha dichiarato parte del parco naturale di Golija come Riserva della Biosfera Golija-Studenica.

L'UNESCO è l'Organizzazione delle Nazioni Unite per l'Educazione, la Scienza e la Cultura, presso la quale la Serbia ha un proprio ambasciatore.

III Repubblica di Croazia

1. Informazioni sulla Repubblica di Croazia

La Repubblica di Croazia è uno Stato sovrano al crocevia tra l'Europa centrale, l'Europa sudorientale e il Mediterraneo. La sua capitale è Zagabria, che costituisce una delle principali suddivisioni del Paese, insieme alle sue venti contee. La Croazia si estende per 56.594 chilometri quadrati (21.851 miglia quadrate) e presenta climi diversi, prevalentemente continentali e mediterranei. La costa del Mar Adriatico contiene più di mille isole. La popolazione del Paese è di 4,28 milioni di persone, per la maggior parte croate, e la confessione religiosa più diffusa è il cattolicesimo romano.

I Croati arrivarono nell'area dell'attuale Croazia nella prima parte del VII secolo d.C.. Nel IX

46

secolo organizzarono lo Stato in due ducati. Nel 925 Tomislav divenne il primo re, elevando la Croazia allo status di regno. Il Regno di Croazia mantenne la sua sovranità per quasi due secoli, raggiungendo il suo apice durante il governo dei re Pietro Kresimir IV e Dmitar Zvonimir. Nel 1102 la Croazia entrò in un'unione personale con l'Ungheria. Nel 1527, di fronte alla conquista ottomana, il Parlamento croato elesse Ferdinando I della Casa d'Asburgo al trono croato. Nel 1918, dopo la Prima Guerra Mondiale, la Croazia fu inclusa nello Stato non riconosciuto degli Sloveni, dei Croati e dei Serbi, che si staccò dall'Austria-Ungheria e confluì nel Regno di Jugoslavia. Durante la Seconda guerra mondiale è esistito uno Stato fantoccio fascista croato. Dopo la guerra, la Croazia divenne membro fondatore e costituente federale della Repubblica Socialista Federale di Jugoslavia, uno Stato costituzionalmente socialista. Nel giugno 1991, la Croazia ha dichiarato l'indipendenza, entrata in vigore l'8 ottobre dello stesso anno.

Stato unitario, la Croazia è una repubblica governata da un sistema parlamentare. Il Fondo Monetario Internazionale ha classificato la Croazia come economia emergente e in via di sviluppo, mentre la Banca Mondiale l'ha identificata come economia ad alto reddito. La Croazia è membro dell'Unione Europea (UE), delle Nazioni Unite (ONU), del Consiglio d'Europa, della NATO, dell'Organizzazione Mondiale del Commercio (OMC) e membro fondatore dell'Unione per il Mediterraneo. Come partecipante attivo alle forze di pace delle Nazioni Unite, la Croazia ha contribuito con truppe alla missione guidata dalla NATO in Afghanistan e ha ottenuto un seggio non permanente nel Consiglio di Sicurezza delle Nazioni Unite per il mandato 2008-2009.

Il settore dei servizi domina l'economia croata, seguito dal settore industriale e dall'agricoltura. Il turismo è una fonte significativa di entrate durante l'estate, con la Croazia classificata al 18° posto tra le destinazioni turistiche più popolari al mondo. Lo Stato controlla una parte dell'economia, con una spesa pubblica consistente. L'Unione Europea è il più importante partner commerciale della Croazia. Dal 2000, il governo croato ha investito nelle infrastrutture, in particolare nelle vie di trasporto e nelle strutture lungo i corridoi paneuropei. Le fonti interne producono una parte significativa dell'energia in Croazia; il resto è importato. La Croazia offre un sistema sanitario universale e un'istruzione primaria e secondaria gratuita, mentre sostiene la cultura attraverso numerose istituzioni pubbliche e investimenti aziendali nei media e nell'editoria.

2. Turismo nella Repubblica di Croazia

Il turismo domina il settore dei servizi croato e rappresenta fino al 20% del PIL croato. Il reddito annuale dell'industria turistica per il 2014 è stato stimato in 7,4 miliardi di euro. I suoi effetti positivi si fanno sentire in tutta l'economia croata in termini di aumento del volume d'affari osservato nelle attività di vendita al dettaglio, negli ordini dell'industria di trasformazione e nell'occupazione stagionale estiva. L'industria è considerata un'attività di esportazione, in quanto riduce significativamente lo squilibrio commerciale esterno del Paese.

Dalla conclusione della guerra d'indipendenza croata, l'industria turistica è cresciuta rapidamente, registrando un quadruplicamento delle presenze turistiche, con oltre 11 milioni di turisti all'anno. I più numerosi sono i turisti provenienti da Germania, Slovenia, Austria, Italia e Repubblica Ceca, oltre che dalla stessa Croazia. La durata del soggiorno turistico in Croazia è in media di 4,9 giorni.

La maggior parte dell'industria turistica si concentra lungo la costa del Mare Adriatico. Opatija è stata la prima località di villeggiatura a partire dalla metà del XIX secolo. Negli anni Novanta del XIX secolo divenne uno dei più importanti centri di cura europei. In seguito, lungo la costa e le isole sono sorte numerose località che offrono servizi che vanno dal turismo di massa alla ristorazione e a varie nicchie di mercato, tra cui le più significative sono il turismo nautico, grazie alla presenza di numerosi porti turistici con oltre 16 mila posti barca, il turismo culturale che si basa sul fascino delle città costiere medievali e sui numerosi eventi culturali che si svolgono durante l'estate. Le zone interne offrono località montane, agriturismo e terme. Anche Zagabria è un'importante destinazione turistica, in grado di competere con le principali città e località costiere.

La Croazia dispone di aree marine incontaminate, testimoniate da numerose riserve naturali e 116 spiagge insignite della Bandiera Blu. La Croazia è classificata come la 18a destinazione turistica più popolare al mondo. Circa il 15% di questi visitatori (oltre un milione all'anno) pratica il naturismo, un'attività per la quale la Croazia è famosa in tutto il mondo. È stato anche il primo Paese europeo a sviluppare resort naturisti commerciali.

Il turismo è un'industria importante in Croazia. Nel 2015, la Croazia ha registrato 14,1 milioni di visitatori e 78,58 milioni di pernottamenti, un numero record di visitatori. La Croazia punta a raddoppiare questi numeri entro il 2020, con una strategia nazionale che prevede l'arrivo di 17,5 milioni di turisti stranieri e ricavi dal turismo superiori a 17 miliardi di dollari.

Numero di turisti in Croazia

Anno	Arrivi turistici totali	Totale notti turistiche
2000	7,137,000	39,183,000
2001	7,860,000	43,404,000
2002	8,320,000	44,692,000
2003	8,878,000	46,635,000
2004	9,412,000	47,797,000
2005	9,995,000	51,421,000
2006	10,385,000	53,007,000
2007	11,162,000	56,005,000
2008	11,261,000	57,103,000
2009	10,935,000	56,301,000
2010	10,604,116	56,416,379
2011	11,200,113	65,116,830
2012	12,300,000	70,300,000
2013	14,000,000	73,250,000
2014	13,128,416	66,483,948
2015	14,150,000	78,589,000

La maggior parte dei visitatori arrivati in Croazia per brevi periodi nel 2014 proveniva dai seguenti Paesi di nazionalità.

Numero di turisti in Croazia per paese

	Paesi	Visitatori
1	Germania	1,989,000
2	Slovenia	1,102,000
3	Italia	1,061,000
4	Austria	1,019,000
5	Repubblica Ceca	661,000
6	Polonia	630,000
7	Francia	441,000
8	Regno Unito	429,000
9	Ungheria	366,000
10	Slovacchia	355,000
	Altro	3,570,000

Otto aree del Paese sono state designate parchi nazionali, e il paesaggio in queste zone è protetto dallo sviluppo. Diverse società gestiscono flottiglie di yacht lungo diversi tratti della costa, che è anche popolare tra i subacquei.

Lonely Planet ha nominato la Croazia come destinazione top pick per il 2005, mentre la rivista National Geographic Adventure Magazine ha nominato la Croazia come destinazione dell'anno nel 2006.

L'Ente Nazionale Croato per il Turismo ha suddiviso la Croazia in sei regioni turistiche distinte.

Istria

Sulla costa occidentale della penisola istriana si trovano diverse città storiche risalenti all'epoca romana, come la città di Umago, che ospita ogni anno il torneo di tennis ATP Croatia Open su campi in terra battuta.

La città di Parenzo è nota per la Basilica Eufrasiana, protetta dall'UNESCO, che comprende mosaici del VI secolo raffiguranti l'arte bizantina. La pianta della città mostra ancora l'antica struttura del Castrum romano, con le vie principali Decumanus e Cardo Maximus ancora conservate nelle loro forme originali. Marafor è una piazza romana con due templi annessi. Uno di essi, eretto nel I secolo, è dedicato al dio romano Nettuno. Originariamente una chiesa francescana gotica costruita nel XIII secolo, la sala della "Dieta Istriana" fu ristrutturata in stile barocco nel XVIII secolo.

La città più grande della regione, Pola, possiede uno degli anfiteatri meglio conservati al mondo, che viene ancora utilizzato per festival ed eventi. È circondata da complessi alberghieri, resort, campeggi e impianti sportivi. Nelle vicinanze si trova il parco nazionale di Brioni, ex residenza estiva di Josip Broz Tito. Ville e templi romani sono ancora sepolti tra i campi agricoli e lungo la costa dei villaggi agricoli e di pesca circostanti. Le acque costiere offrono spiagge, pesca, immersioni in relitti di antiche galee romane e navi da guerra della Prima Guerra Mondiale, immersioni dalle scogliere e vela. Pola è il punto finale dell'itinerario ciclabile EuroVelo 9 che parte da Gdańsk sul Mar Baltico e attraversa Polonia, Repubblica Ceca, Austria, Slovenia e Croazia.

La città di Rovigno presenta zone costiere ben delimitate con alcune piccole baie nascoste in una fitta vegetazione, aperte ai naturisti. Anche se le spiagge non sono specificate come naturiste, i naturisti le frequentano.

L'interno è verde e boscoso, con piccole città in pietra sulle colline, come Montona. Il fiume Quieto scorre sotto la collina. Dall'altra parte del fiume si trova la foresta di Montona, un'area di circa 10 chilometri quadrati nella valle del fiume Quieto, di cui 280 ettari (2,8 km2) sono appositamente protetti. Quest'area si distingue non solo dalle foreste vicine, ma anche da quelle dell'intera regione carsica circostante per la sua fauna selvatica, il terreno umido e i tartufi (Tuber magnatum) che vi crescono. Dal 1999, Montona ospita il Motovun Film Festival internazionale per film indipendenti provenienti dagli Stati Uniti e dall'Europa. Grisignana, un'altra città collinare, ospita un festival jazz di tre settimane ogni luglio.

Quarnero e Altipiani

Una delle regioni più varie, l'intero golfo del Quarnero offre scenari suggestivi, con alte montagne che si affacciano su grandi isole nel mare. Opatija è la più antica località turistica della Croazia, la cui tradizione turistica risale al XIX secolo.

Le ex città insulari veneziane di Rab e Losinj sono destinazioni turistiche popolari. L'isola di Rab è ricca di patrimonio culturale e di monumenti storico-culturali. Rab è anche nota come pioniere del naturismo dopo la visita del re Edoardo VIII e della signora Wallis Simpson. L'isola offre natura, spiagge, patrimonio ed eventi come il torneo di arbalest di Rab e il festival medievale di Rab - Rapska Fjera. Con circa 2600 ore di sole all'anno, l'isola di Lussino è una meta turistica per sloveni, italiani e tedeschi nei mesi estivi. L'umidità media dell'aria è del 70% e la temperatura media estiva è di 24 °C (75 °F) e di 7 °C (45 °F) durante l'inverno.

Le regioni interne del Gorski kotar, del Velebit e della Lika presentano cime montuose, foreste e campi, molte specie animali, tra cui gli orsi, e i parchi nazionali di Risnjak e dei Laghi di Plitvice. Il Parco nazionale dei Laghi di Plitvice si trova nell'altopiano di Plitvice, circondato da tre montagne che fanno parte delle Alpi Dinariche: Pljesevica (cima Gornja Pljesevica 1.640 m), Mala Kapela (cima Seliski Vrh 1.280 m) e Medvedak (884 m). Il Parco nazionale è ricoperto da rocce carsiche, principalmente dolomia e calcare, con laghi e grotte associati, che hanno dato origine alla caratteristica più distintiva dei suoi laghi. I laghi sono separati da dighe naturali di travertino, depositato dall'azione di muschi, alghe e batteri. Le piante e i batteri incrostati si accumulano l'uno sull'altro, formando barriere di travertino che crescono al ritmo di circa 1 cm all'anno. I sedici laghi sono separati in un gruppo superiore e uno inferiore formati dal deflusso dalle montagne, che scendono da un'altitudine di 636-503 m (2.087-1.650 piedi) su una distanza di circa otto km, allineati in direzione sud-nord.

I laghi coprono complessivamente un'area di circa due chilometri quadrati, con l'acqua che esce dal lago più basso per formare il fiume Korana. I laghi sono divisi in 12 laghi superiori (Gornja jezera) e quattro laghi inferiori (Donja jezera): Sotto le cascate di travertino a volte cresce il muschio Cratoneuron, che si incrosta di travertino e più in là cresce del muschio fresco; dapprima si forma un dirupo, ma in seguito si forma un tetto di grotta sotto il dirupo. Se l'acqua continua a scorrere, la grotta diventa progressivamente più grande. Sono presenti anche grotte calcaree. L'area ospita anche una varietà estremamente ampia di specie animali e di uccelli. Vi si trova una fauna rara come l'orso bruno europeo, il lupo, l'aquila, il gufo, la lince, il gatto selvatico e il gallo cedrone, oltre a molte specie più comuni. Sono state registrate almeno 126 specie di uccelli, di cui 70 nidificanti.

Dalmazia

Questa regione si rivolge alla nautica da diporto e ai viaggi di piacere. Il Parco Nazionale delle Incoronate conta centinaia di isole per lo più disabitate. Kornat, la più grande delle isole con una superficie totale di 32.525.315 m2 (350.099.577 piedi quadrati), comprende due terzi della superficie del parco. Sebbene l'isola sia lunga 25,2 km, non è più larga di 2,5 km. Il parco è gestito dalla città di Murter, sull'isola di Murter, ed è collegato alla terraferma da un ponte levatoio.

Zara, la città più grande della regione, ha acquisito la sua struttura urbana in epoca romana; al tempo di Giulio Cesare e dell'imperatore Augusto, la città fu fortificata e furono costruite le mura cittadine con torri e porte. Sul lato occidentale della città si trovavano il foro, la basilica e il tempio, mentre all'esterno della città si trovavano l'anfiteatro e i cimiteri. L'acquedotto che riforniva la città di acqua è parzialmente conservato. All'interno della città antica si sviluppò una città medievale con la costruzione di una serie di chiese e monasteri.

La Grande Gola di Paklenica (Velika Paklenica) è una popolare destinazione per l'arrampicata su roccia. L'interno è caratterizzato da pianure e montagne, con il canyon di Paklenica come attrazione principale. Il Parco Nazionale di Paklenica è il sito di arrampicata più visitato della Croazia e il più grande dell'Europa sudorientale. La vicinanza all'acqua del mare permette ai turisti di combinare l'arrampicata, l'escursionismo e gli sport acquatici. Nei siti di arrampicata di Paklenica si trovano oltre 360 vie attrezzate e migliorate, di vari livelli di difficoltà e lunghezza. La stagione principale dell'arrampicata inizia in primavera e termina nel tardo autunno.

L'area del Parco contiene 150-200 km di sentieri e percorsi destinati ai turisti o agli alpinisti. I sentieri del Parco sono segnalati con tabelle e cartelli alpinistici.

L'isola di Pag ha una delle zone di festa più grandi d'Europa nelle città di Novalja e Zrce. Queste spiagge sono dotate di discoteche e bar sulla spiaggia aperti tutto il giorno durante i mesi estivi.

Zara è collegata via terra con due uscite dall'autostrada principale, via mare con linee regolari con Ancona, Italia, e via aerea soprattutto con Ryanair, Germanwings e Croatia Airlines. Molte agenzie turistiche e fornitori di servizi turistici come Croatica.eu offrono programmi di gruppo. La maggior parte dei tour è offerta da proprietari privati locali e da piccole aziende locali.

Si tratta di un'altra regione turistica, costellata di isole e incentrata su Sibenik e sulla Cattedrale di San Giacomo, patrimonio mondiale dell'UNESCO. Numerose fortezze, residuo dell'epoca rinascimentale (tra cui la Fortezza di San Nicola) circondano la città.

All'interno si trova il Parco Nazionale di Krka con cascate e monasteri religiosi. Skradinski Buk ha attrazioni e strutture disponibili tra vari sentieri, visite e presentazioni turistiche, gite in barca, ristoranti e un museo. Roski Slap, situata vicino a Miljevci, è la seconda attrazione più popolare del Parco nazionale di Krka in termini di numero di visitatori, e le sue cascate possono essere visitate tutto l'anno. Roski Slap può essere raggiunta con una barca da escursione gestita dal Parco nazionale di Krka, anche se le cascate possono essere raggiunte anche con una strada pubblica. All'interno del parco si trova l'isola di Visovac, fondata durante il regno di Luigi I d'Ungheria, che ospita il monastero cattolico di Visovac, fondato dai francescani nel 1445 vicino al villaggio di Miljevci. L'isola può essere visitata con un tour in barca da Skradinski Buk. Il parco comprende anche il monastero serbo-ortodosso di Krka, fondato nel 1345.

L'area intorno alla città di Knin ospita fortezze medievali e resti archeologici. La città romana di Burnum, scoperta di recente, si trova a 18 km da Knin in direzione di Kistanje, dove si trovano le rovine del più grande anfiteatro della Dalmazia, costruito nel 77 d.C., che ospitava 8.000 persone, durante il governo di Vespasiano. I vicini villaggi di Biskupija e Kapitul sono siti archeologici del X secolo dove si trovano resti della cultura croata medievale, tra cui chiese, tombe, decorazioni ed epigrafi.

La città costiera di Spalato è anche la seconda città più grande della Croazia ed è nota per il suo patrimonio romano unico, che comprende il Palazzo di Diocleziano, protetto dall'UNESCO. La città è stata costruita attorno al palazzo ben conservato, che è uno degli elementi architettonici e culturali più completi della costa adriatica croata. La Cattedrale di Spalato deriva dal palazzo.

La Riviera di Makarska è un tratto di costa che offre spiagge, locali, caffè, kayak, vela ed escursioni lungo la catena del Biokovo. Makarska, Brela, Omis e Baska Voda sono le più popolari.

Le grandi isole di questa regione comprendono la città di Hvar, nota per la pesca e il turismo. Hvar ha un clima mediterraneo mite e una vegetazione mediterranea. L'isola si promuove come "il luogo più soleggiato d'Europa", con oltre 2715 ore di luce solare in un anno medio.

Gli eventi culturali e artistici del Festival estivo di Hvar si svolgono durante tutta l'estate, da fine giugno a fine settembre. La Galleria d'Arte Moderna di Hvar si trova nell'edificio dell'Arsenale, nell'atrio dello storico Teatro di Hvar. L'esposizione permanente contiene dipinti, sculture e stampe della collezione, mentre le mostre temporanee sono organizzate nell'ambito del progetto Museo Estate delle Belle Arti di Hvar.

La Cattedrale di Santo Stefano e il Palazzo Vescovile presentano uno stile rinascimentale-barocco, una facciata con timpano a tre angoli e un campanile rinascimentale in stile romanico del XVI secolo, realizzato da artisti veneziani.

Altre isole importanti della regione sono Brac, Ciovo, Solta e Vis.

La città vecchia di Trogir, dichiarata Patrimonio dell'Umanità dall'UNESCO, contiene un misto di influenze del periodo ellenistico, romano e veneziano, con la sua architettura greca, le chiese romaniche, gli edifici rinascimentali e barocchi. Trogir è il complesso romanico-gotico meglio conservato dell'Europa centrale. Il nucleo medievale di Trogir, circondato da mura, comprende un castello e una torre conservati e una serie di abitazioni e palazzi di epoca romanica, gotica, rinascimentale e barocca. L'edificio più imponente di Trogir è la Cattedrale di San Lorenzo, il cui portale principale occidentale è un capolavoro di Radovan e l'opera più significativa dello stile romanico-gotico in Croazia. Un'altra attrazione degna di nota è la Fortezza Kamerlengo

Uno dei siti turistici croati più noti è la città fortificata di Dubrovnik, con la sua cultura rinascimentale. Il fiore all'occhiello è il Palazzo Sponza, risalente al XVI secolo e attualmente utilizzato per ospitare l'Archivio Nazionale. Il Palazzo del Rettore è una struttura gotico-rinascimentale che oggi ospita un museo. La sua facciata è raffigurata sul retro della banconota croata da 50 kune, emessa nel 1993 e nel 2002.

La chiesa di San Salvatore è un'altra testimonianza del periodo rinascimentale, accanto al convento francescano. La biblioteca del convento francescano possiede 30.000 volumi, 22 incunaboli, 1.500 preziosi documenti manoscritti. Tra gli oggetti esposti vi sono una croce d'argento dorata del XV secolo e un turibolo d'argento, un crocifisso del XVIII secolo proveniente da Gerusalemme, un martirologio (1541) di Bemardin Gucetic e salteri miniati. La chiesa più famosa di Dubrovnik è quella di San Biagio, costruita nel XVIII secolo in onore del santo patrono della città. La cattedrale barocca di Dubrovnik ospita le reliquie di San Biagio. Il monastero domenicano della città assomiglia a una fortezza all'esterno, ma all'interno ospita un museo d'arte e una chiesa gotico-romanica. Un tesoro speciale del monastero domenicano è la sua biblioteca con oltre 220 incunaboli, numerosi manoscritti illustrati, un ricco archivio con preziosi manoscritti e documenti e una vasta collezione d'arte. La caratteristica principale di Dubrovnik sono le sue mura che corrono per 2 km intorno alla città. Le mura hanno uno spessore che va dai quattro ai sei metri sul lato di terra, mentre sono più sottili sul lato di mare. Il sistema di torrette e torri aveva lo scopo di proteggere la città.

Al largo della costa di Dubrovnik si trova l'isola boscosa di Lokrum. L'isolotto ospita un castello, un monastero benedettino millenario e un giardino botanico avviato dall'arciduca Massimiliano nel XIX secolo. Sull'isola si aggirano ancora pavoni e gallinelle, discendenti dai pavoni originari portati da Massimiliano.

Le isole vicine includono l'isola storica di Korcula. Gli abitanti cattolici di Korcula mantengono vive le antiche cerimonie popolari in chiesa e una danza delle armi, la Moreska, che risale al Medioevo. Originariamente veniva ballata solo in occasioni speciali, mentre in tempi moderni viene eseguita due volte a settimana per i turisti. I siti storici della città principale includono la centrale Cattedrale romanico-gotica di San Marco (costruita dal 1301 al 1806), il monastero francescano del XV secolo con il chiostro in stile gotico veneziano, le sale del consiglio civico, il palazzo degli ex governatori veneziani, i grandiosi palazzi del XV e XVI secolo dei nobili mercanti locali e le fortificazioni della città.

Più avanti lungo l'Adriatico si trovano le foreste dell'isola di Mljet. Oltre il 72% dell'isola, che si estende per 98,01 km², è costituito da foreste. La sua struttura geologica è costituita da calcare e dolomia che formano dorsali, creste e pendii. Alcune depressioni dell'isola di Mljet si trovano sotto il livello del mare e sono note come blatine ("laghi di fango") o slatine ("laghi salati"). Durante le stagioni delle piogge tutte le blatine sono piene d'acqua e diventano salmastre durante le stagioni secche.

Croazia centrale

La parte settentrionale di questa regione, con la zona collinare di Zagorje, è costellata di castelli e terme, e l'antica città di Varazdin. Varazdin, con i suoi monumenti e il suo patrimonio artistico, rappresenta il complesso urbano meglio conservato e più ricco della Croazia continentale.

La Città Vecchia (fortezza) è un edificio difensivo medievale. La costruzione iniziò nel XIV secolo e nel secolo successivo furono aggiunte le torri arrotondate, tipiche dell'architettura gotica in Croazia. La Cattedrale di Varazdin, ex chiesa gesuita, fu costruita nel 1647, ha un ingresso barocco, un altare del XVIII secolo e dipinti. Tra i festival, l'annuale Spancir Fest inizia alla fine di agosto e termina a settembre (dura 10 giorni). In questo periodo la città accoglie artisti, artisti di strada, musicisti e venditori per quello che viene chiamato "il festival delle passeggiate". Varazdin ospita anche il "Radar festival", che ospita concerti alla fine dell'estate. Ha già ospitato star musicali come Bob Dylan, Carlos Santana, The Animals, Manic Street Preachers, Solomon Burke e altri.

Il santuario mariano di Marija Bistrica è il più grande luogo di pellegrinaggio del Paese. Centinaia di migliaia di pellegrini visitano ogni anno il luogo in cui sorgeva la chiesa del XIV secolo. La chiesa è nota per la statua conosciuta come "Madonna Nera con Bambino", risalente all'invasione turca del XVI secolo, quando la statua fu nascosta nella chiesa e poi persa per decenni fino al suo ritrovamento. Dietro la chiesa si trova il percorso della "Via Crucis", in cui i pellegrini iniziano il cammino che porta alla collina del Calvario. Papa Giovanni Paolo II visitò il sito nel 1998 durante il suo secondo tour in Croazia.

Il sud presenta alcune attrazioni naturali, come il parco naturale Lonjsko polje. La zona sud-occidentale è nota per le sue foreste e la sua natura selvaggia. Le chiese barocche si trovano in tutta l'area, insieme ad altre architetture culturali.

Slavonia

Il turismo in questa regione si sta appena sviluppando, soprattutto con le terme. Nella zona di Baranja si trova il parco nazionale di Kopacki rit, una grande palude con una grande varietà di fauna e uccelli. Si tratta di una delle più grandi e suggestive zone umide intatte d'Europa, che ospita circa 260 specie di uccelli come oche e anatre selvatiche, airone bianco maggiore, cicogna bianca, cicogna nera, aquila di mare, corvi, folaghe, gabbiani, sterne, martin pescatore e picchio verde europeo. Sono disponibili visite turistiche guidate con navi panoramiche, barche, squadre di cavalli o a piedi, con alcuni pacchetti che offrono la possibilità di fotografare o videoregistrare animali e uccelli.

Il centro culturale è la città storica di Osijek, con i suoi edifici in stile barocco, come la Chiesa di San Pietro e Paolo, una struttura neogotica con la seconda torre più alta della Croazia dopo la Cattedrale di Zagabria.

La Cattedrale di San Pietro e Paolo a Dakovo è il principale punto di riferimento della città di Dakovo e oggetto sacrale in tutta la regione della Slavonia.

Ci sono tre grandi eventi annuali che celebrano il folklore in Slavonia e Baranja: Dakovacki vezovi, Vinkovacke jeseni e Brodsko kolo. Questi eventi presentano costumi tradizionali, gruppi di ballo e canto folcloristico, usanze, con una sfilata di cavalli e carri nuziali come parte speciale del programma. Durante i Dakovacki vezovi, la cattedrale di Dakovo ospita cori, artisti d'opera e nel salone espositivo vengono organizzate mostre d'arte, mentre durante il programma sportivo si possono ammirare cavalli lipizzani bianchi di razza pura sull'ippodromo. Ilok e la città di Vukovar, devastata dalla guerra, sono altri punti di interesse della zona.

Zagabria

Come Praga o Budapest, Zagabria ha un'atmosfera mitteleuropea, con una grande e ben conservata città vecchia sulla collina e un centro storico del XIX secolo. La capitale croata è anche il più grande centro culturale del Paese, con numerosi musei e gallerie.

La parte storica della città, a nord di Piazza Ban Jelacic, è composta dal Gornji Grad e dal Kaptol, un complesso urbano medievale di chiese, palazzi, musei, gallerie ed edifici governativi molto frequentati dai turisti in visita turistica. Il quartiere storico può essere raggiunto a piedi, partendo da Piazza Jelacic, il centro di Zagabria, o con una funicolare nella vicina via Tomiceva.

Una trentina di collezioni in musei e gallerie comprendono più di 3,6 milioni di reperti vari, escluse le collezioni ecclesiastiche e private. Il Museo Archeologico è composto da quasi 400.000 manufatti e monumenti di vario tipo, raccolti nel corso degli anni da molte fonti diverse. I più famosi sono la collezione egizia, la mummia di Zagabria e le bende con la più antica iscrizione etrusca del mondo (Liber Linteus Zagrabiensis), nonché la collezione numismatica. Il Museo croato di storia naturale possiede una delle più importanti collezioni al mondo di resti di Neanderthal rinvenuti in un unico sito. Si tratta di resti, armi di pietra e utensili dell'uomo preistorico di Krapina. Il patrimonio del Museo croato di storia naturale comprende più di 250.000 esemplari distribuiti in diverse collezioni.

Ci sono circa 20 teatri e palcoscenici permanenti o stagionali. Il Teatro Nazionale Croato di Zagabria fu costruito nel 1895 e inaugurato dall'imperatore Francesco Giuseppe I d'Austria. La sala da concerto più rinomata si chiama "Vatroslav Lisinski", in onore del compositore della prima opera croata, ed è stata costruita nel 1973. Ogni anno pari si svolge l'Animafest, il Festival mondiale dei film d'animazione, e ogni anno dispari la Biennale Musica, il festival internazionale di musica d'avanguardia. Ospita anche il festival annuale del cinema documentario ZagrebDox. Il Festival della Filarmonica di Zagabria e la mostra floreale Floraart (fine maggio o inizio giugno), l'Old-timer Rally eventi annuali. In estate vengono organizzati spettacoli teatrali e concerti, soprattutto nella Città Alta, sia al chiuso che all'aperto. Il palcoscenico di Opatovina ospita gli eventi teatrali dell'Estate istrionica di Zagabria. Zagabria ospita anche lo Zagrebfest, il più antico festival di musica pop croato, e diversi eventi e tornei sportivi internazionali tradizionali. La Giornata della Città di Zagabria, il 16 novembre, viene celebrata ogni anno con festeggiamenti speciali, soprattutto sul lago Jarun, vicino alla parte sud-occidentale della città.

Siti del patrimonio mondiale dell'UNESCO

L'Organizzazione delle Nazioni Unite per l'Educazione, la Scienza e la Cultura (UNESCO) ha inserito i seguenti siti croati nella sua Lista del Patrimonio Mondiale:

§ Parco Nazionale dei Laghi di Plitvice

§ Complesso storico di Spalato con il Palazzo di Diocleziano

§ Città vecchia di Dubrovnik

§ Complesso episcopale della Basilica Eufrasiana nel centro storico di Parenzo

§ Città storica di Trogir

§ Cattedrale di San Giacomo

§ Pianura di Stari Grad

IV Repubblica di Slovenia

1. Informazioni sulla Repubblica di Slovenia

La Repubblica di Slovenia è uno Stato nazionale dell'Europa centro-meridionale, situato al crocevia delle principali rotte culturali e commerciali europee. Confina con l'Italia a ovest, con l'Austria a nord, con l'Ungheria a nord-est, con la Croazia a sud e sud-est e con il Mare Adriatico a sud-ovest. Si estende per 20.273 chilometri quadrati (7.827 mi quadrati) e ha una popolazione di 2,06 milioni di abitanti. È una repubblica parlamentare e membro delle Nazioni Unite, dell'Unione Europea e della NATO. La capitale e la città più grande è Lubiana.

Il territorio è prevalentemente montuoso con un clima prevalentemente continentale, ad eccezione del litorale sloveno che ha un clima sub-mediterraneo e della zona nord-occidentale che ha un clima alpino. Inoltre, le Alpi Dinariche e la Pianura Pannonica si incontrano sul territorio della Slovenia. Il Paese, caratterizzato da una notevole diversità biologica, è uno dei più ricchi d'acqua d'Europa, con una fitta rete fluviale, un ricco sistema acquifero e importanti corsi d'acqua sotterranei carsici. Oltre la metà del territorio è coperta da foreste. L'insediamento umano in Slovenia è disperso e disomogeneo.

Qui si incontrano le lingue slave, germaniche, romanze e ungheresi. Sebbene la popolazione non sia omogenea, la maggioranza è slovena. Lo sloveno è la lingua ufficiale in tutto il Paese, mentre l'italiano e l'ungherese sono lingue minoritarie regionali co-ufficiali nei comuni in cui sono presenti la minoranza italiana e quella ungherese. La Slovenia è un Paese ampiamente secolarizzato, ma la sua cultura e la sua identità sono state significativamente influenzate dal cattolicesimo e dal luteranesimo. L'economia slovena è piccola, aperta e orientata all'esportazione ed è stata fortemente influenzata dalle condizioni internazionali. È stata gravemente danneggiata dalla crisi dell'Eurozona, iniziata alla fine degli anni 2000. Il settore economico principale è quello dei servizi, seguito dall'industria e dall'edilizia.

Storicamente, l'attuale territorio della Slovenia ha fatto parte di diverse formazioni statali, tra cui l'Impero Romano e il Sacro Romano Impero, seguiti dalla Monarchia asburgica. Nell'ottobre 1918, gli sloveni hanno esercitato per la prima volta l'autodeterminazione fondando lo Stato degli Sloveni, dei Croati e dei Serbi, non riconosciuto a livello internazionale, che si è fuso nel dicembre dello stesso anno con il Regno di Serbia nel Regno dei Serbi, dei Croati e degli Sloveni (ribattezzato Regno di Jugoslavia nel 1929). Durante la Seconda guerra mondiale, la Slovenia fu occupata e annessa da Germania, Italia e Ungheria, con una piccola area trasferita allo Stato indipendente di Croazia, uno Stato fantoccio nazista. In seguito, fu uno dei membri fondatori della Repubblica Popolare Federale di Jugoslavia, poi rinominata Repubblica Socialista Federale di Jugoslavia, uno Stato comunista che era l'unico Paese del blocco orientale a non far parte del Patto di Varsavia. Nel giugno 1991, dopo l'introduzione della democrazia rappresentativa multipartitica, la Slovenia si è separata dalla Jugoslavia ed è diventata un Paese indipendente. Nel 2004 è entrata a far parte della NATO e dell'Unione Europea; nel 2007 è stato il primo Paese ex comunista a entrare nell'Eurozona; nel 2010 è entrata a far parte dell'OCSE, un'associazione globale di Paesi sviluppati ad alto reddito.

2. Turismo in Slovenia

La Slovenia offre ai turisti un'ampia varietà di attrazioni naturali e culturali. Si sono sviluppate diverse forme di turismo. L'area di gravitazione turistica è considerevolmente ampia, ma il mercato turistico è piccolo. Non c'è stato un turismo su larga scala e non ci sono state pressioni ambientali acute.

La capitale della nazione, Lubiana, ha molti importanti edifici barocchi e della Secessione viennese, con diverse opere importanti dell'architetto nativo Joze Plecnik e del suo allievo, l'architetto Edo Ravnikar.

Nell'angolo nord-occidentale del Paese si trovano le Alpi Giulie con il pittoresco Lago di Bled e la Valle dell'Isonzo, nonché la vetta più alta del Paese, il Monte Triglav, nel cuore del Parco Nazionale del Triglav. Altre catene montuose includono le Alpi di Kamnik-Savinja, le Caravanche e il Pohorje, popolari tra gli sciatori e gli escursionisti.

L'altopiano carsico del litorale sloveno ha dato il suo nome al carsismo, un paesaggio modellato dall'acqua che scioglie la roccia carbonatica, formando grotte. Le grotte più conosciute sono le Grotte di Postumia e le Grotte di Skocjan, dichiarate dall'UNESCO. La regione dell'Istria slovena si affaccia sul mare Adriatico, dove il monumento storico più importante è la città mediterranea di Pirano, in stile gotico veneziano, mentre l'insediamento di Portorose attira la folla in estate. Le colline intorno alla seconda città slovena, Maribor, sono rinomate per la produzione di vino. La parte nord-orientale del Paese è ricca di centri termali, con Rogaska Slatina, Radenci, Catez ob Savi, Dobrna e Moravske Toplice che hanno acquisito importanza negli ultimi due decenni.

Altre destinazioni turistiche popolari includono le città storiche di Ptuj e Skofja Loka e diversi castelli, come il Castello di Predjama.

Tra i settori importanti del turismo in Slovenia vi sono il turismo congressuale e il turismo del gioco d'azzardo. La Slovenia è il Paese con la più alta percentuale di casinò per 1.000 abitanti dell'Unione Europea. Il Perla di Nova Gorica è il più grande casinò della regione.

La maggior parte dei turisti stranieri in Slovenia proviene dai principali mercati europei: Italia, Austria, Germania, Croazia, Benelux, Serbia, Russia e Ucraina, seguiti da Regno Unito e Irlanda. I turisti europei creano più del 90% del reddito turistico della Slovenia.

La maggior parte dei visitatori arrivati in Slovenia per brevi periodi nel 2014 proveniva dai seguenti Paesi di nazionalità.

Numero di turisti in Slovenia per paese

	Paese	Visitatori
1	Italia	443,239
2	Austria	265,803
3	Germania	250,673
4	Croazia	120,260
5	Serbia	81,595
6	Paesi Bassi	78,147
7	Regno Unito	75,545
8	Francia	75,112
9	Repubblica Ceca	70,325
10	Stati Uniti	65,158
	Totale	2,410,824

La Slovenia offre ai turisti un'ampia varietà di paesaggi in uno spazio ridotto: Alpino a nord-ovest, mediterraneo a sud-ovest, pannonico a nord-est e dinarico a sud-est. Esse corrispondono grosso modo alle regioni tradizionali della Slovenia, basate sulle quattro ex terre della corona asburgica (Carniola, Carinzia, Stiria e Litorale). Ognuna di esse presenta caratteristiche naturali, geografiche, architettoniche e culturali proprie. La Slovenia ha montagne, prati, laghi, grotte e mare, che la rendono una destinazione attraente in Europa.

La capitale della nazione, Lubiana, ha molti importanti edifici in stile barocco e Art Nouveau, con diverse opere importanti dell'architetto nativo Joze Plecnik. Altre attrazioni includono le Alpi Giulie con il pittoresco Lago di Bled e la Valle dell'Isonzo, nonché la vetta più alta della nazione, il Monte Triglav. Forse ancora più famosa è la Slovenia carsica, che prende il nome dall'altopiano carsico del litorale sloveno. Più di 28 milioni di visitatori hanno visitato le Grotte di Postumia, mentre a 15 minuti di distanza si trovano le Grotte di Skocjan, patrimonio dell'umanità dell'UNESCO. Numerose altre grotte sono aperte al pubblico, tra cui la Grotta di Vilenica.

Nella stessa direzione si trova la costa adriatica, dove il monumento storico più importante è la città mediterranea gotico-veneziana di Pirano. La vicina città di Portorose è una popolare località turistica moderna, che offre intrattenimento nel turismo del gioco d'azzardo. Anche l'ex città di pescatori di Izola è stata trasformata in una popolare destinazione turistica; molti turisti apprezzano anche l'antico centro medievale del porto di Capodistria, che tuttavia è meno popolare tra i turisti rispetto alle altre due città costiere slovene.

La Stiria è nota per il suo vino bianco, in particolare il Riesling di Ljutomer, per la stazione sciistica di Pohorje, per i festival culturali estivi di Maribor e per l'olio di semi di zucca. È anche nota come zona di coltivazione del luppolo che produce lo Styrian Goldings, una varietà del luppolo aromatico inglese Fuggles.

La regione nord-orientale del Prekmurje è nota per la sua cucina particolare. Tra i piatti tradizionali, i più noti sono uno stufato di maiale, rape e miglio chiamato bujta repa e una pasta a strati chiamata prekmurska gibanica. Un'importante località termale della regione è Moravske Toplice, che attira molti visitatori tedeschi, austriaci, italiani e russi.

Il turismo rurale è importante in tutto il Paese ed è particolarmente sviluppato nella regione del Carso, in alcune parti della Carniola interna, della Carniola inferiore e dell'Istria settentrionale, e nella zona intorno a Podcetrtek e Kozje nella Stiria orientale. L'equitazione, il ciclismo e l'escursionismo sono tra le attività turistiche più importanti in queste zone.

Il Parco nazionale del Triglav (sloveno: Triglavski narodni park) è un parco nazionale situato in Slovenia. Prende il nome dal monte Triglav, simbolo nazionale della Slovenia. Il Triglav si trova quasi al centro del parco nazionale. Da esso le valli si estendono a raggiera, fornendo acqua a due grandi sistemi fluviali che hanno le loro sorgenti nelle Alpi Giulie: l'Isonzo e la Sava, che sfociano rispettivamente nell'Adriatico e nel Mar Nero.

La proposta di conservazione risale al 1908 ed è stata realizzata nel 1924. Su iniziativa della Sezione per la protezione della natura della Società museale slovena e della Società alpinistica slovena, fu stipulato un contratto di locazione ventennale per l'area della valle dei laghi del Triglav, a circa 14 km^2. Nel 1961, dopo molti anni di sforzi, la protezione fu rinnovata (questa volta su base permanente) e leggermente ampliata, abbracciando circa 20 km2. L'area protetta fu ufficialmente designata come Parco nazionale del Triglav. Con questa legge, tuttavia, non furono raggiunti tutti gli obiettivi di un vero e proprio parco nazionale e per questo motivo nei due decenni successivi furono avanzate nuove proposte per l'estensione e la riorganizzazione della protezione. Finalmente, nel 1981, si giunse a una riorganizzazione e al parco fu dato un nuovo concetto e fu ampliato a 838 km2 - l'area che copre tuttora.

Anche la catena montuosa delle Caravanche e le Alpi di Kamnik sono importanti destinazioni turistiche, così come le montagne del Pohorje. A differenza delle Alpi Giulie, tuttavia, queste aree sembrano attrarre soprattutto visitatori sloveni e provenienti dalle regioni limitrofe dell'Austria, e rimangono in gran parte sconosciute ai turisti di altri Paesi. La maggiore eccezione è rappresentata dalla Valle del Logar, che è stata oggetto di un'intensa attività di promozione a partire dagli anni Ottanta.

La Slovenia ha una serie di piccole città medievali che fungono da importanti attrazioni turistiche. Tra queste, le più famose sono Ptuj, Skofja Loka e Pirano. Anche i villaggi fortificati, situati per lo più nella Slovenia occidentale (Stanjel, Vipavski Kriz, Smartno), sono diventati un'importante destinazione turistica, soprattutto grazie agli eventi culturali organizzati nei loro ambienti panoramici.

Alpi Giulie

Una veduta delle valli fluviali dell'Isonzo e della Sava superiore si estende sotto il monte Triglav, la montagna più alta della Slovenia. Tra i due fiumi si trova il Parco nazionale del Triglav, che protegge numerose specie animali e vegetali endemiche in una regione di alte montagne rocciose, gole fluviali profondamente incise, pozzi carsici d'alta montagna e attraenti montagne basse, nonché le tradizioni della vita, un tempo difficile, dei contadini di montagna e degli alpigiani.

A sud si trova la Soca Valley e le gole dei suoi affluenti. Le località lungo il fiume smeraldo attirano sia gli amanti della tranquillità che quelli delle sfide adrenaliniche. Qui sono disponibili numerosi sport acquatici, dal kayak alla canoa, dal rafting al canyoning. I visitatori possono anche vivere la valle con paracadute, deltaplano e mountain bike. Il centro sciistico più alto della Slovenia sul Monte Kanin è accessibile dalla valle, dove si trova la maggior parte degli alloggi e dei ristoranti a Bovec, Kobarid e Tolmin. La regione del Posocje, dove ogni passo rivela una natura eccezionale, custodisce anche ricordi emozionanti delle più terribili battaglie della Prima Guerra Mondiale, presentati nel Museo di Kobarid, che ha ricevuto numerosi premi di eccellenza. Nella parte alta della valle si trova il pittoresco villaggio di Trenta, che ospita l'Ufficio informazioni del Parco nazionale del Triglav, un museo e il Giardino botanico di Julijana, il più importante centro di botanica alpina della Slovenia.

Sul lato nord del regno del Monte Triglav si trova l'Alta Valle della Sava. La popolare destinazione turistica Kranjska Gora attrae i visitatori estivi con le opportunità di ricreazione e sport nella natura (escursionismo, alpinismo, ciclismo, equitazione, parapendio, pesca) e i visitatori invernali con le sue eccellenti piste per diversi tipi di sci e con altre delizie invernali (slitte trainate da cani, discese notturne in slitta dal Monte Vrsic, motoslitta). Gli ospiti di Kranjska Gora possono godere anche del casinò e dei programmi di benessere, mentre i bambini si divertono nel paese originale dell'eroe dei libri per bambini Kekec. Nella vicina Planica, i migliori saltatori del mondo si sfidano ogni anno al riparo di montagne di duemila metri.

Le Alpi Giulie sono ingioiellate da due pittoreschi laghi. Bled, con la sua leggendaria isola in mezzo al lago, il suo castello sovrastante, le sue sorgenti termali e il suo clima benefico, attira da secoli numerosi visitatori cosmopoliti. Le aree balneari organizzate, gli hotel con piscina, i sentieri per le passeggiate, i campi da tennis e da golf, il casinò, le regate di canottaggio, l'aeroporto sportivo di Lesce e i vicini siti naturali e culturali offrono numerosi motivi per una visita. La regione di Bohinj, con il suo incontaminato lago d'alta montagna, non solo ispira i visitatori con le bellezze della natura e i centri sciistici di Vogel, Kobla e Soriska planina, ma anche con il suo ricco patrimonio etnologico e i numerosi siti culturali e sacrali. Il vicino altopiano di Pokljuka è un paradiso per gli escursionisti, i cercatori di funghi e gli sciatori di fondo ed è sede di importanti competizioni mondiali di biathlon.

Maribor - Pohorje

Maribor, capoluogo della regione di Stajerska, è la seconda città più grande del Paese, ma allo stesso tempo è piacevolmente piccola e verde. La sua vivacità, la cultura e gli eventi di alto livello, la ricca tradizione vinicola e la vite più antica del mondo, le numerose possibilità di svago, relax e attività fisica nella natura, nonché la sua reputazione di rilassata apertura e ospitalità hanno portato Maribor al titolo onorifico di Capitale europea della cultura 2012.

La città di Maribor si fonde con la meravigliosa natura delle foreste del Pohorje e delle pittoresche colline vinicole in una delle destinazioni turistiche più attraenti della Slovenia.

Una rapida escursione sul Pohorje, una meraviglia verde delle montagne slovene che attrae escursionisti, ciclisti, amanti dell'adrenalina e della pace nella foresta primordiale, nelle cascate, nei ruscelli e nelle torbiere del Pohorje. Durante l'inverno, la più grande stazione sciistica della Slovenia, il Mariborsko Pohorje, ricoperto di neve, offre un caloroso benvenuto.

Sulle strade del vino, che dal centro della città di Maribor attraversano le colline di Slovenske gorice e le pendici del Pohorje, si incontrano gli amanti dei vini e della cucina eccellenti, del patrimonio etnologico, della natura variegata e degli eccellenti punti panoramici che si aprono sulla campagna verde e sulle città storico-culturali. Le fattorie turistiche e i vigneti vi aspettano con delizie culinarie fatte in casa e ospitalità genuina, sia che siate in bicicletta, a piedi, a cavallo o in auto.

Maribor ospita molti eventi di spicco: dal famoso Festival della Quaresima, al Festival enogastronomico della Vecchia Vigna, al Festival teatrale di Maribor, al Festival musicale di Maribor, alla gara di Coppa del Mondo di sci Golden Fox, e l'intera destinazione ospita anche molti altri eventi.

Per chi ama farsi coccolare sono disponibili moderni programmi di benessere, per gli ospiti d'affari anche servizi congressuali di alto livello, e per gli amanti del gioco l'intrattenimento dei casinò.

Istria Slovenia

La costa slovena, che misura 46,6 chilometri, è ricoperta da un'abbondante vegetazione. Qui si trova una riserva naturale ricca di marna e arenaria e la singolare scogliera di Strugnano, che sale a 80 metri sul mare ed è la parete di flysch più alta della costa adriatica. Qui si trovano le saline di Secovlje, menzionate per la prima volta nel XIII secolo. Per il loro ricchissimo patrimonio naturale e storico sono state nominate parco regionale e sono un ricco santuario del mondo vegetale e animale. Svolgono un ruolo molto importante nel mondo dell'ornitologia, perché offrono condizioni ideali per gli uccelli grazie al clima caldo e all'abbondanza di cibo nelle vasche delle saline. Sono state avvistate circa 200 specie di uccelli nelle saline e costituiscono un habitat naturale per circa 80 specie di uccelli che vi nidificano.

Le città di Pirano, Isola e Capodistria attirano i visitatori con la loro immagine medievale. Capodistria, con il suo nucleo storico, rappresenta una delle parti più pittoresche della parte settentrionale della penisola istriana. Gli sport acquatici sono molto importanti; nella baia di Capodistria si svolgono numerose regate e la città ha costruito un piccolo porto turistico. La città organizza anche il Festival estivo di Primorska. I dintorni della città e la campagna sono eccezionalmente attraenti: le ripide pareti rocciose di Crni Kal e Osp sono il luogo ideale per gli amanti del free climbing e la campagna "vanta" specifiche offerte culinarie e vinicole.

Izola è una città costiera con una ricca tradizione di pesca. La maggior parte del turismo si concentra sul lato orientale, nella baia di Simonov zaliv, dove si trova una stazione balneare con strutture balneari, hotel e ristoranti. Alla periferia occidentale della città si trova il porto turistico di Izola.

L'antico porto di Pirano si trova all'estremità della penisola di Pirano; nel Medioevo era circondato da mura (200 metri di mura sono ancora conservati). L'intera città è protetta come monumento storico-culturale e ha conservato il suo assetto medievale con strade strette e case compatte, che salgono a gradini dalla pianura costiera verso le colline e conferiscono all'intera area un tipico aspetto mediterraneo. Oggi è un centro amministrativo e di rifornimento, ma anche un'importante località turistica costiera con alberghi, ristoranti e case vacanza, il Museo Marittimo Sergej Masera e un acquario, istituzioni culturali ed eventi.

Portoroz, città turistica che vanta la più lunga tradizione turistica della Slovenia, offre alberghi confortevoli e piscine moderne, ristoranti ed eventi. È un centro congressi molto frequentato: diverse strutture per conferenze e riunioni possono ospitare fino a 1500 persone. Portorose ha un casinò, un aeroporto sportivo e un porto turistico. È una città visitata da turisti provenienti da tutta Europa e anche da altri Paesi. È un centro di villeggiatura e una località balneare climaticamente sana conosciuta a livello internazionale.

Sulle Colline di Savrinska, nell'entroterra di Portorose, si trovano alcuni antichi insediamenti istriani (Padna, Krkavce, Kostabona, Pomjan, Gazon), e non lontano dalla costa si trova il pittoresco villaggio di Hrastovlje, con la sua chiesa della Santissima Trinità adornata da affreschi narrativi tardo-gotici. Grazie a questi, Hrastovlje è considerato un vero e proprio tesoro dell'affresco medievale in Slovenia.

Carso

Il Carso è il territorio compreso tra il Golfo di Trieste e la Valle Vipavska e allo stesso tempo è anche il nome di tutte le forme sorprendenti create dalle acque nella pietra fusa. I pittoreschi fenomeni carsici si trovano in quasi la metà del territorio sloveno. Oltre alle oltre ottomila grotte e marmitte carsiche conosciute, vi sono anche sorgenti carsiche e sorgenti intermittenti, laghi scomparsi, inghiottitoi, polje carsiche originali e doline apparentemente asciutte.

Nella zona del Carso e nella regione solitamente chiamata Notranjska si trovano le grotte più famose della Slovenia: le Grotte di Postumia, che sono le più visitate d'Europa, le Grotte di Skocjan, inserite nel patrimonio naturale mondiale dell'Unesco, le Grotte di Krizna jama con i suoi laghi sotterranei, la più antica grotta turistica Vilenica vicino a Lokev e tutte le grotte collegate alle Grotte di Postumia - le Grotte di Pivka, le Grotte di Crna jama, le Grotte di Planinska jama, le Grotte di Otoska jama, la Grotta sotto il Castello di Predjama e altre ancora. Il lago Cerknica, che sta scomparendo, è di natura carsica e quando è pieno d'acqua è anche il più grande dei laghi naturali della Slovenia. L'insolito lago Divje jezero, vicino a Idrija, condivide la natura carsica; le sue acque provengono da una galleria sotterranea di profondità unica. La misteriosa vita dei fiumi carsici è visibile nel Parco regionale di Rakov Skocjan. In questa valle carsica si trova un percorso didattico naturale con ponti naturali di pietra sopra il fiume. Anche l'altopiano carsico di Sneznik è famoso per i numerosi fenomeni carsici. Lipica, la culla dei famosi cavalli bianchi lipizzani, la medievale Stanjel con il suo castello e il parco Fabiani e molte altre specialità culturali, etnologiche e culinarie attirano i visitatori della regione del Carso.

Nelle regioni della Dolenjska e della Bela Krajina è possibile scoprire i misteri del carsismo anche nel sottosuolo. Il pittoresco fiume Krka ha la sua sorgente carsica nella grotta Krska jama, ci sono le grotte Zelnjske jame vicino a Kocevje che non si trovano in profondità e la grotta Ledena jama sullo Stojna con il suo lago di ghiaccio durante tutto l'anno. La più grande delle grotte carsiche della regione della Dolenjska è la Grotta di Kostanjevica, facilmente accessibile. Oltre a numerose grotte e marmitte, ci sono grandi polje carsiche, inghiottitoi e sorgenti che creano l'immagine del paesaggio. Le bellezze del Carso poco profondo sono presentate nel Parco regionale di Lahinja.

Un valore speciale della Slovenia sono anche i fenomeni carsici delle Alpi. A Kaninski podi si trovano le marmitte considerate le più profonde del mondo e si possono osservare karren, scanalature e altre formazioni carsiche di superficie. Un'altra particolarità del Carso sloveno è la Grotta di Snezna jama, sotto Raduha, che a 1556 metri di altitudine rivela imponenti sale sotterranee con gocce di ghiaccio e laghi.

In Slovenia si possono trovare molte altre esperienze sotterranee. A Sempeter sorprende la Grotta di Pekel, che vanta la cascata sotterranea più alta della Slovenia, mentre nella zona collinare di Haloze, vicino a Makole, si trova la Grotta di Belojaca, interessante dal punto di vista geologico.

V Montenegro

1. Informazioni sul Montenegro

Il Montenegro è uno Stato sovrano dell'Europa sud-orientale. Ha una costa sul Mar Adriatico a sud-ovest e confina con la Croazia a ovest, la Bosnia-Erzegovina a nord-ovest, la Serbia a nord-est e l'Albania a sud-est. La sua capitale e città più grande è Podgorica, mentre Cetinje è designata come Prijestonica, ovvero l'ex capitale reale.

Nel IX secolo, sul territorio del Montenegro esistevano tre principati: Duklja, corrispondente all'incirca alla metà meridionale, Travunia, a ovest, e Rascia, a nord. Nel 1042, l'arconte Stefan Vojislav guidò una rivolta che portò all'indipendenza della Duklja e all'istituzione della dinastia Vojislavljevic. Duklja raggiunse il suo apice sotto il figlio di Vojislav, Mihailo (1046-81), e suo nipote Bodin (1081-1101). Nel XIII secolo, Zeta aveva sostituito Duklja per indicare il regno. Alla fine del XIV secolo, il Montenegro meridionale (Zeta) passò sotto il dominio della famiglia nobile Balsic, poi della famiglia nobile Crnojevic, e nel XV secolo

69

Zeta era più spesso indicata come Crna Gora (in veneziano: monte negro). Dal 1496 al 1878, ampie porzioni caddero sotto il controllo dell'Impero Ottomano. Alcune parti erano controllate da Venezia. Dal 1515 al 1851 i principi-vescovi (vladika) di Cetinje furono i governanti. La Casa di Petrovic-Njegos governò fino al 1918. Dal 1918 fece parte della Jugoslavia. Sulla base di un referendum indipendentista tenutosi il 21 maggio 2006, il Montenegro ha dichiarato l'indipendenza il 3 giugno dello stesso anno.

Classificato dalla Banca Mondiale come Paese a reddito medio-alto, il Montenegro è membro delle Nazioni Unite, dell'Organizzazione mondiale del commercio, dell'Organizzazione per la sicurezza e la cooperazione in Europa, del Consiglio d'Europa, dell'Accordo di libero scambio dell'Europa centrale e membro fondatore dell'Unione per il Mediterraneo. Il Montenegro è anche un candidato che sta negoziando per entrare nell'Unione Europea e nella NATO. Il 2 dicembre 2015 il Montenegro ha ricevuto un invito ufficiale ad aderire alla NATO, diventando così il 29° Paese membro. L'invito era destinato ad avviare i colloqui di adesione definitivi.

2. Turismo in Montenegro

Il Montenegro ha una costa pittoresca e una regione settentrionale montuosa. Negli anni '80 il Paese era una località turistica molto conosciuta. Tuttavia, le guerre jugoslave combattute nei Paesi vicini durante gli anni '90 hanno paralizzato l'industria turistica e danneggiato l'immagine del Montenegro per anni.

La costa adriatica montenegrina è lunga 295 km (183 miglia), con 72 km (45 miglia) di spiagge e molte antiche città ben conservate. Il National Geographic Traveler (edito una volta ogni dieci anni) ha inserito il Montenegro tra i "50 luoghi di una vita", e il mare montenegrino di Sveti Stefan è stato usato come copertina della rivista. La regione costiera del Montenegro è considerata una delle nuove grandi "scoperte" del turismo mondiale. Nel gennaio 2010, il New York Times ha classificato la regione della costa meridionale di Ulcinj, che comprende Velika Plaza, Ada Bojana e l'Hotel Mediteran di Ulcinj, tra i "Top 31 Places to Go in 2010" nell'ambito di una classifica mondiale delle destinazioni turistiche.

Il Montenegro è stato anche inserito tra le "10 Top Hot Spots of 2009" da visitare da Yahoo Travel, che lo descrive come "Attualmente è il secondo mercato turistico in più rapida crescita al mondo (subito dopo la Cina)". Ogni anno viene inserito da prestigiose guide turistiche come Lonely Planet tra le migliori destinazioni turistiche insieme a Grecia, Spagna e altre località turistiche mondiali.

Solo negli anni 2000 l'industria del turismo ha iniziato a riprendersi e da allora il Paese ha registrato un alto tasso di crescita nel numero di visite e pernottamenti. Il governo del Montenegro ha posto come priorità assoluta lo sviluppo del Montenegro come destinazione turistica d'élite. Si tratta di una strategia nazionale volta a rendere il turismo un importante contributo all'economia montenegrina. Sono state adottate diverse misure per attirare gli investitori stranieri. Alcuni grandi progetti sono già in corso, come Porto Montenegro, mentre altre località, come Jaz Beach, Buljarica, Velika Plaza e Ada Bojana, hanno forse il maggior potenziale per attrarre investimenti futuri e diventare luoghi turistici d'eccellenza sull'Adriatico.

Il Montenegro è un piccolo Paese mediterraneo con un ricco patrimonio architettonico e culturale, una diversità di paesaggi e climi e un ambiente naturale ben conservato. Naturalmente adatto allo sviluppo di tutti i tipi di turismo, il Montenegro punta a diventare una destinazione turistica d'élite. Il Montenegro è considerato una delle destinazioni turistiche in più rapida crescita. Nel 2007, oltre un milione di turisti ha visitato il Montenegro, effettuando circa 7,3 milioni di pernottamenti (con un aumento del 23% rispetto al 2006), per un totale di circa 480 milioni di euro di entrate turistiche (con un aumento del 39% rispetto all'anno precedente). Nel 2014 i turisti hanno realizzato 1,5 milioni di arrivi.

La maggior parte dei visitatori arrivati in Montenegro nel 2014 che hanno soggiornato in strutture ricettive registrate proveniva dai seguenti Paesi:

Classifica	Paese	Numero
1	Russia	318,375
2	Serbia	287,620
3	Bosnia ed Erzegovina	91,711
4	Ucraina	65,185
5	Polonia	50,356
6	Francia	41,813
7	Italia	34,204
8	Tedesco	33,014
9	Bielorussia	30,918

Quasi tutte le attività economiche in Montenegro sono dirette a facilitare lo sviluppo del turismo. Il governo mira ad attrarre investimenti greenfield, che dovrebbero sfruttare al meglio le parti non sviluppate della costa, come Jaz Beach, Velika Plaza, Ada Bojana e Buljarica. Tali investimenti potrebbero potenzialmente rimodellare l'attrattiva del Montenegro per i turisti, rendendolo una destinazione altamente competitiva per un turismo sostenibile e di qualità.

Il Montenegro può essere presentato come una destinazione che offre una varietà di attrattive e il turismo all'aperto è possibile pubblicizzando le sue diverse caratteristiche. Pertanto, il Masterplan del turismo del Montenegro sta anche aprendo la strada a un programma di sviluppo nazionale per il turismo basato sulla natura, in particolare l'escursionismo e il ciclismo, con nuove infrastrutture e servizi. La realizzazione di un programma triennale è stata avviata nel 2007.

Il problema principale del turismo montenegrino è l'inadeguatezza delle infrastrutture, in particolare la rete stradale obsoleta e le difficoltà di approvvigionamento idrico ed elettrico nella zona costiera. Per questo motivo, uno dei principali investimenti del governo è la costruzione di nuove strade e la ricostruzione dell'attuale infrastruttura stradale.

Questa notevole regione costiera è di primario interesse per i turisti del Montenegro. La costa adriatica montenegrina è lunga 295 km, con 72 km di spiagge e molte antiche città ben conservate. Le principali attrazioni lungo la costa settentrionale sono:

§ L'antica città di Herceg Novi

§ La città vecchia di Kotor, iscritta al patrimonio mondiale dell'UNESCO

§ Boka Kotorska (Baia di Cattaro), con l'antica cittadina di Perast

§ Porto Montenegro - Marina per yacht di lusso a Tivat (unica città sulla costa montenegrina ad avere un aeroporto)

§ La città vecchia di Budva, un centro storico ben conservato

§ Sveti Stefan, un piccolo borgo isolano trasformato in un hotel di lusso

§ Città di Petrovac vicino a Budva

La regione della costa meridionale del Montenegro è considerata una delle nuove grandi "scoperte" del turismo mondiale. Nel gennaio 2010, il New York Times ha classificato la regione della costa meridionale di Ulcinj, che comprende Velika Plaza, Ada Bojana e l'Hotel Mediteran di Ulcinj, tra i "31 migliori luoghi da visitare nel 2010" nell'ambito di una classifica mondiale delle destinazioni turistiche.

La regione della costa meridionale, con centro a Ulcinj, è popolare in parte grazie alle spiagge sabbiose "Bandiera Blu", alle attività di eco-avventura, alle antiche città-fortezza e alla vivace vita notturna. Queste destinazioni includono:

- Il centro storico di Ulcinj, con i suoi merli e le mura ciclopiche, la vivace vita notturna e la spiaggia sul mare, che ospita la più lunga spiaggia incontaminata del Montenegro, Velika Plaza.

§ Il centro storico di Bar, in Montenegro, con il suo "museo vivente" a Stari Bar.

§ Ada Bojana, all'estremo sud della costa montenegrina, con il suo famoso pescato fresco giornaliero che viene servito nei ristoranti di pesce lungo il fiume della zona. 16 km da Ulcinj.

§ Il vasto specchio d'acqua e la riserva faunistica del Lago Skadar presso la Salina di Ulcinj, uno dei più grandi luoghi di nidificazione degli uccelli migratori del continente europeo.

§ La spiaggia di ghiaia e gli imponenti uliveti di Valdanos. Città più vicina Ulcinj.

§ La spiaggia, le grotte marine e la resina di pino nell'aria della Ladies Beach di Ulcinj, che da generazioni gli abitanti del luogo sanno promettere cure per l'infertilità e altri disturbi.

§ L'unico porto commerciale e di acque profonde del Montenegro, a Bar.

§ Spiagge, fortezze e villaggi sul lago Skadar

La regione settentrionale è il centro del turismo montano montenegrino. Ha stazioni sciistiche ed è popolare per la sua natura incontaminata. L'intera area del monte Durmitor e del canyon del fiume Tara è protetta come parco nazionale e inserita tra i siti del patrimonio mondiale dell'UNESCO.

Le destinazioni nel nord sono:

§ La città di Zabljak sul monte Durmitor, la destinazione turistica montana più popolare del Montenegro.

§ La città di Kolasin, un'altra destinazione popolare, vicino al parco nazionale Biogradska Gora, al monte Bjelasica e alla stazione sciistica di Bjelasica.

§ La gola del fiume Tara, il secondo canyon più profondo del mondo. Il fiume Tara è una destinazione popolare per il rafting.

§ Biogradska Gora, con il lago Biogradsko, un parco nazionale e una foresta vergine incontaminata.

Regione centrale

Sebbene sia l'area più densamente popolata del Montenegro, la regione centrale presenta meno attrazioni turistiche. Si segnalano:

§ Monastero di Ostrog, famoso luogo di pellegrinaggio

§ Resti archeologici di Duklja (Doclea) di epoca romana, fuori Podgorica

§ Cetinje, la capitale storica del Montenegro

§ Il monte Lovcen, il parco nazionale e il mausoleo di Petar II Petrovic-Njegos offrono una vista mozzafiato sul paese circostante.

§ Spiagge

La lunghezza della costa del Montenegro è di 293 km. Dispone di 73 km di spiagge, con oltre 120 spiagge. Ci sono diversi stili di spiaggia, dalla sabbia ai ciottoli, di diversa lunghezza.

Ulcinj

La linea costiera di Ulcinj è lunga 32 km. Ha più di 10 spiagge. Ada Bojana è un'isola fluviale. Ha una forma a triangolo con il mare da un lato. La spiaggia è sabbiosa e lunga. Velika Plaza è la spiaggia più lunga del Montenegro, una delle più calde e belle dell'Adriatico. È lunga 12 km ed è ricoperta di sabbia. È molto poco profonda. La spiaggia della città piccola è uguale a Velika Plaza, ma non è così lunga. Valdanos è una piccola insenatura con una spiaggia di ciottoli e una bellissima flora intorno.

Bar

La Riviera di Bar è lunga 44 km e ha 9 km di spiagge. Ci sono più di 20 spiagge, ma Bar ha 2 spiagge sulle rive del lago. La spiaggia più famosa di Bar è quella di Sutomore. È lunga 1 km ed è ricoperta di sabbia. La spiaggia di Canj è lunga 1 km ed è una località molto popolare tra i turisti. La spiaggia è ricoperta di sabbia fine, ma il fondale è ricoperto di ciottoli rocciosi rotondi. La spiaggia della Regina è molto vicina a Canj, ma può essere raggiunta solo dal mare. La spiaggia rossa è specifica perché è ricoperta di ciottoli rotondi e leggeri e la vista da essa è straordinaria. La spiaggia di Zukotrlica è lunga oltre 1 km e si trova vicino alla città. È ricoperta di ciottoli bianchi e sullo sfondo c'è una piccola e bellissima pineta. La spiaggia di Utjeha è chiamata anche "Baia degli ulivi" perché sullo sfondo ci sono centinaia di ulivi. È ricoperta di ciottoli ed è molto chiara. Sul lago ci sono due spiagge: Pjesacac e Murici. Sono ricoperte di ciottoli. La vista da lì sul lago Skadar è straordinaria.

Budva

La Riviera di Budva ha più di 25 spiagge e sono la meta preferita dei turisti in Montenegro. La spiaggia più lunga è Jaz. È lunga 2,5 km ed è sabbiosa. La spiaggia di Mogren ha dei piccoli ciottoli specifici. È composta da due piccole spiagge collegate da un tunnel. La spiaggia Slovenska è lunga 1,5 km ed è ricoperta di sabbia. Sullo sfondo ci sono molti hotel, ristoranti e parchi. La spiaggia Becici è lunga e una delle più belle del Mediterraneo, è sabbiosa. La spiaggia di Milocer, la spiaggia della Regina e la spiaggia di Sveti Stefan sono le spiagge più esclusive del Montenegro, grazie alla sabbia fantastica, alla flora e alla vista straordinaria sull'isola-albergo di Sveti Stefan. La spiaggia di Pterovac è lunga e tranquilla ed è ricoperta di piccoli ciottoli rossi. Un'attrazione speciale sono le due isolette e la piccola fortezza vicino alla spiaggia. La spiaggia di Buljarica è coperta di sabbia ed è lunga 2 km.

Tivat

A Tivat ci sono oltre 15 piccole spiagge. Opatovo è una spiaggia di ghiaia lunga 200 metri. Un piccolo faro divide la spiaggia in due parti. La spiaggia Plavi Horizonti è forse la più famosa e bella di Tivat. È lunga 300 metri e ricoperta di piccoli ciottoli bianchi. Ci sono due isole vicino a Tivat: L'Isola di San Marco e l'Isola dei Fiori. Hanno spiagge molto belle e attraenti.

Cattaro

Questa è la parte più profonda di Boka Kotorska, quindi ci sono meno spiagge. Ci sono circa 10 piccole spiagge. La spiaggia di Morinj è una bella spiaggia di ciottoli con un bellissimo sfondo e vista sulla baia. La spiaggia di Risan è una spiaggia tranquilla, lunga e rocciosa. Orahovac è la spiaggia preferita di Cattaro. È di ciottoli con vecchie case in pietra sullo sfondo. Trsteno è una delle più belle spiagge di ghiaia del Montenegro. È lunga 200 metri, con acque limpide e uno sfondo naturale.

Herceg Novi

La Riviera di Herceg Novi è lunga 25 km e conta oltre 20 spiagge. La spiaggia di Igalo è lunga 1,5 km ed è sabbiosa. La spiaggia di Rose è rocciosa con uno sfondo di foresta molto bello. La spiaggia di Zanjic è una delle più belle di Herceg Novi. È lunga 300 metri ed è ricoperta di ciottoli bianchi.

VI Repubblica di Macedonia

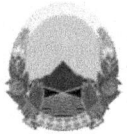

1. Informazioni sulla Macedonia

La Repubblica di Macedonia è un Paese situato nella penisola balcanica centrale, nell'Europa sudorientale. È uno degli Stati successori dell'ex Jugoslavia, da cui ha dichiarato l'indipendenza nel 1991. È diventata membro delle Nazioni Unite nel 1993 ma, a causa di una disputa in corso con la Grecia sull'uso del nome Macedonia, è stata ammessa con la denominazione provvisoria di "ex Repubblica jugoslava di Macedonia", abbreviata in FYROM.

Paese senza sbocco sul mare, la Repubblica di Macedonia confina con la Serbia a nord, la Bulgaria a est, la Grecia a sud e l'Albania a ovest. Costituisce circa il terzo nord-occidentale della più ampia regione geografica della Macedonia, che comprende anche le parti confinanti della Grecia settentrionale e una porzione più piccola nella Bulgaria sud-occidentale. La capitale del Paese è Skopje, con 506.926 abitanti secondo il censimento del 2002. Altre città sono Bitola, Kumanovo, Prilep, Tetovo, Ohrid, Veles, Stip, Kocani, Gostivar, Kavadarci e Strumica. Ha più di 50 laghi e sedici montagne che superano i 2.000 metri. La Macedonia è membro delle Nazioni Unite e del Consiglio d'Europa. Dal dicembre 2005 è anche candidato all'adesione all'Unione Europea e ha presentato domanda di adesione alla NATO.

2. Turismo in Macedonia

Il turismo è una parte importante dell'economia della Repubblica di Macedonia. L'abbondanza di attrazioni naturali e culturali del Paese lo rende una destinazione attraente per i visitatori. Ogni anno riceve circa 700.000 turisti.

Il turismo nella Repubblica di Macedonia è un fattore importante dell'economia nazionale. La grande abbondanza di attrazioni naturali e culturali rende la Macedonia adatta al turismo.

Nel 2014, la Macedonia ha ricevuto 735.650 arrivi turistici.

La Repubblica di Macedonia registra un costante aumento dei visitatori. Il numero di turisti nazionali nel periodo da gennaio a marzo 2008, rispetto allo stesso periodo dell'anno precedente, è aumentato del 23,5%. Mentre il numero di turisti stranieri nel marzo 2008 rispetto al marzo 2007 è aumentato del 44,7%. Nel 2007, il lago di Ohrid ha accolto circa 250.000 turisti nazionali e stranieri.

Nel febbraio 2009, quasi 28.000 turisti, ovvero il 3,2% in più rispetto allo stesso mese dell'anno precedente, hanno visitato la Macedonia. Si è registrato anche un aumento dell'8% del numero di visitatori stranieri nel Paese.

L'estate 2009 è stata la migliore stagione turistica della città di Dojran, con 135.000 pernottamenti, un aumento del 12,5% rispetto all'anno precedente.

Il numero di turisti in Macedonia nel maggio 2010 è aumentato dello 0,8% rispetto allo stesso mese dell'anno precedente.

Il numero di turisti stranieri che hanno visitato la Macedonia tra i mesi di gennaio e luglio è aumentato del 25% nel 2011 rispetto allo stesso periodo del 2010. Anche il numero medio di notti trascorse nel Paese da questi turisti è aumentato, del 33,2%.

Nei primi quattro mesi del 2012, il numero di turisti in Macedonia è stato di 130.083, con un aumento del 4,6% rispetto all'anno precedente.

La regione macedone che ha ricevuto il maggior numero di arrivi turistici nel 2012 è stata quella sud-occidentale con 251.462, seguita dalle regioni di Skopje (164.077) e sud-orientale (106.978). La regione Pelagonia ha ricevuto 72.054 arrivi, mentre le altre regioni hanno ricevuto meno di 30.000 arrivi ciascuna.

Tra i turisti stranieri nel 2012, il Paese di provenienza più comune è stata la Turchia con 50.406 arrivi, seguita dalla Grecia con 43.976 e dalla Serbia con 36.530. Il Paese di origine non balcanico più comune è stato l'Olanda, con oltre 27.000 arrivi turistici.

La maggior parte dei visitatori arrivati nella Repubblica di Macedonia per brevi periodi nel 2014 proveniva dai seguenti Paesi di nazionalità:

Classifica	Paese	Numero
1	Turchia	63,567
2	Grecia	42,677
3	Serbia	41,013
4	Paesi Bassi	26,111
5	Bulgaria	26,480
6	Albania	17,561
7	Croazia	15,392
8	Slovenia	14,486
9	Germania	15,542
	Totale turisti stranieri	425,314

Skopje, la capitale e la città più grande, è situata nella parte settentrionale del Paese, sul fiume Vardar. Skopje ha una lunga storia che è testimoniata dai suoi numerosi siti archeologici, come Scupi e l'acquedotto di Skopje, e dal gran numero di edifici e monumenti ottomani, in particolare nel Vecchio Bazar, come la Moschea di Mustapha Pasha. Oggi Skopje, con oltre 500.000 abitanti, sta diventando una città moderna con musei e molti eventi culturali e sportivi.

Ohrid, patrimonio dell'umanità dell'UNESCO, si trova nella parte sud-occidentale del Paese, sulla sponda orientale del lago di Ohrid. La città è forse la destinazione turistica più popolare del Paese, soprattutto grazie alle spiagge e all'atmosfera. Tuttavia, Ohrid possiede anche molti monumenti storici, come la Fortezza di Samuil e il Teatro Antico.

Bitola, la seconda città più grande, è situata nella parte meridionale del Paese. Come molte città del Paese, anche Bitola ha avuto una ricca storia. Heraclea Lyncestis, uno dei maggiori siti archeologici della Repubblica di Macedonia, si trova a Bitola. La lunga storia di Bitola è testimoniata anche dai numerosi edifici neoclassici, dai monumenti ottomani e dalle antiche

78

chiese. La città è anche una destinazione per lo shopping; Sirok Sokak, una strada pedonale, è piena di negozi e ristoranti.

Stip, la più grande città a est del fiume Vardar, si trova nella parte orientale del Paese. Stip esiste da almeno 2.000 anni, come dimostrano i suoi numerosi siti archeologici, come Astibo, Bargala ed Estipeon. La città ospita anche le acque curative delle terme minerali di Kezovica. Oggi Stip è il principale centro culturale ed economico della Macedonia orientale.

Altre città e paesi del Paese, come Kratovo, Krusevo, Prilep, Strumica e Struga, hanno molte attrazioni proprie.

La Repubblica di Macedonia ha tre parchi nazionali e 33 riserve naturali:

§ Mavrovo, situato nella parte nord-occidentale del Paese, è il più grande dei tre parchi nazionali. Ospita diverse valli fluviali, gole, cascate, grotte e altre formazioni morfologiche.

§ Pelister, situato nella parte meridionale del Paese, vicino a Bitola, è il più piccolo dei tre parchi nazionali. Il parco è costituito dal territorio che circonda la montagna Baba. Sulla cima della montagna si trovano due laghi glaciali, noti come Gorski Oci, o occhi di montagna.

Il § Galicica, situato tra il lago di Ohrid e il lago di Prespa, è il secondo parco nazionale più grande del Paese. Il parco ospita una grande varietà di flora e fauna e offre una splendida vista su Ohrid e sul lago di Ohrid.

§ Il Santuario degli uccelli di Ezereni, situato sulla sponda settentrionale del lago di Prespa, è una rigorosa riserva naturale. Ospita oltre 120 specie diverse di uccelli.

§ La Riserva Naturale di Tikves, situata a 30 km a sud-est di Kavadarci, è una riserva naturale che si estende su una superficie di circa 100 chilometri quadrati. Nella riserva sono presenti 23 specie di uccelli predatori e 17 di queste nidificano nell'area. Si dice che Tikves sia uno dei siti ornitologici più importanti d'Europa.

§ La riserva naturale di Lokvi-Golemo Konjari, situata vicino a Krusevo, è l'ultimo residuo di un'enorme palude.

§ Stobi, situato a Gradsko, nel centro geografico del Paese, è il più grande e considerato il più famoso sito archeologico della Repubblica di Macedonia. Alcuni resti includono basiliche, strade, terme, complessi abitativi, mosaici e mura.

§ Kokino, situato a 30 km da Kumanovo, è un osservatorio megalitico simile a Stonehenge.

Avendo oltre 3.800 anni, è il quarto osservatorio antico più antico del mondo.

§ La Torre di Marko, situata alle porte di Prilep, è una massa rocciosa composta da diverse sculture di pregio. È inserita nell'elenco dei possibili siti patrimonio dell'umanità dell'UNESCO.

§ La città di pietra di Kuklica, situata fuori Kratovo, è un'area composta da più di 120 pilastri di pietra formati naturalmente che hanno più di 10 milioni di anni.

§ Festival

§ Articolo principale: Festival nella Repubblica di Macedonia

§ Festival balcanico di canti e danze popolari, festival annuale di musica e danza folcloristica

§ Galicnik Wedding Festival, un festival annuale che si tiene a Galicnik in cui una coppia selezionata si sposa nel tradizionale matrimonio in stile "GaliCka".

§ Festival internazionale di musica per bambini "Asterischi", un festival internazionale per bambini

§ Maratona di nuoto di Ohrid, gara internazionale di nuoto in acque libere nel lago di Ohrid.

Sull'autore

Nemanja Sarenac è nato nel 1983 a Sarajevo. Si è laureato nel 2007 presso la Facoltà di Economia di Sarajevo Est. Ha frequentato il corso di studi post-laurea magistrale *"Internet Economy and e-business"*, superando tutti gli esami previsti dal piano di studi e ottenendo una media di 9,44 punti. Nel dicembre 2012 ha difeso la sua tesi di laurea magistrale dal titolo *"The digital divide and e-readiness of Bosnia and Herzegovina in terms of competitiveness of economy and European integration"*. Nell'ottobre 2015 ha registrato la tesi di dottorato *"L'impatto della presentazione nazionale del turismo su Internet sulle decisioni dei potenziali turisti nella scelta delle destinazioni turistiche"* presso l'Università di Sarajevo Est.

Dopo la laurea, ha iniziato a lavorare presso la Facoltà di Economia di Sarajevo Est come responsabile dell'Ufficio di Informatica e associato al Centro per l'Editoria, e attualmente lavora come associato all'insegnamento e alla ricerca scientifica. È autore di una serie di articoli pubblicati su riviste scientifiche o presentati a conferenze scientifiche internazionali. Nemanja Sarenac è anche membro del comitato editoriale e redattore tecnico della rivista scientifica *"Proceedings of the Faculty of Economics in East Sarajevo"* e membro del comitato organizzativo della conferenza scientifica a partecipazione internazionale *"Jahorina Business Forum"*.

Contatto: *nemanja.sarenac@gmail.com*

www.ingramcontent.com/pod-product-compliance
Ingram Content Group UK Ltd.
Pitfield, Milton Keynes, MK11 3LW, UK
UKHW041936131224
452403UK00001B/179